PROF. PAULO SÉRGIO BUHRER

MENTE DE VENCEDOR

8 SEMANAS PARA VOCÊ APRENDER A REALIZAR SUAS METAS MESMO EM TEMPOS DIFÍCEIS

Copyright© 2018 by Literare Books International.
Todos os direitos desta edição são reservados à Literare Books International.

Presidente:
Mauricio Sita

Capa e diagramação:
David Guimarães

Revisão:
Bárbara Cabral Parente

Gerente de Projetos:
Gleide Santos

Diretora de Operações:
Alessandra Ksenhuck

Diretora Executiva:
Julyana Rosa

Relacionamento com o cliente:
Claudia Pires

Impressão:
Impressul

Dados Internacionais de Catalogação na Publicação (CIP)
(Câmara Brasileira do Livro, SP, Brasil)

```
Buhrer, Paulo Sérgio
    Mente de vencedor / Paulo Sérgio Buhrer. --
São Paulo : Literare Books International, 2017.

    Bibliografia.
    ISBN: 978-85-9455-031-6

    1. Autorrealização 2. Mentalidade positiva
3. Metas (Psicologia) 4. Resultados 5. Sucesso
6. Superação 7. Vida - Dificuldades I. Título.
```

17-06205   CDD-158.1

Índices para catálogo sistemático:

1. Atitude mental positiva e sucesso : Psicologia
   aplicada 158.1

Literare Books
Rua Antônio Augusto Covello, 472 – Vila Mariana – São Paulo, SP.
CEP 01550-060
Fone/fax: (0**11) 2659-0968
site: www.literarebooks.com.br
e-mail: contato@literarebooks.com.br

MENTE
DE VENCEDOR

SUMÁRIO

INTRODUÇÃO	7
Status mental	19
Síndrome do sofá	21
Mente perdedora	25
Mente vencedora	28
Mitos sobre motivação	32
Trabalhar muito não significa ganhar muito	35
Como destruir a mente perdedora?	37
As circunstâncias da vida	40
Capítulo 1 – PENSAMENTO POSITIVO	45
Previsões negativas	56
Capítulo 2 – CRENÇAS ESTIMULANTES	67
Histórias	75
Desamarre-se de hábitos paralisantes	83
Erros são lições	93
Capítulo 3 – BLINDAGEM INTERIOR – O PROCESSO DE FILTRAGEM	101
Pontos de apoio	107
Pessoas que dizem a verdade	108
Seu passado	110
Seu futuro	115
Pare de alimentar seus inimigos	118
Capítulo 4 – SONHE GRANDE	129
AS TRÊS PRINCIPAIS PERGUNTAS QUE FAZEM VOCÊ ATINGIR SUAS METAS	138
O que eu preciso PARAR de fazer para realizar essa meta?	138
O que eu preciso FAZER MENOS para realizar minhas metas?	139
O que eu preciso FAZER MAIS para realizar minhas metas?	140

BLOCK AND GO	142
Os três pilares do sucesso na realização dos seus sonhos	144
Encontre sua missão	152
Tire o máximo do mínimo	163
Ajude os outros a serem bem-sucedidos	164
Vá além do máximo	165
Capítulo 5 – CRIE UMA CASCA GROSSA	169
Generosidade	179
Superação de perdas	184
Saber valorizar o que mais importa	187
CUIDE DAS SUAS PEQUENAS SEMENTES	191
Respire e inspire gratidão	200
Pague o mal com o bem	203
SUJE SUAS MÃOS	209
TUDO O QUE VOCÊ PRECISA	211
CÓDIGO DE HONRA	213
DIVIRTA-SE E SEJA FELIZ FAZENDO TUDO ISSO	217
DEUS	223
MÉTODO MV SEMANAL: 8 SEMANAS PARA TRANSFORMAR SUA MENTE EM VENCEDORA	225
REFERÊNCIAS	230

INTRODUÇÃO

O maior problema dos jardins é quando os jardineiros decretam a morte das flores antes de semeá-las. Do mesmo modo, o maior problema das pessoas é quando elas decretam fracassos mentais dos seus projetos antes de plantá-los. Os sonhos e projetos que nascem na mente também morrem lá.

Com isso, elas passam a focar em todas as dificuldades que estão acontecendo, e no medo da frustração, baixando assim a autoestima. A capacidade de criar soluções, para superar esses medos e dificuldades, é reduzida ou completamente destruída. A partir daí, as vitórias na vida real ficam cada vez mais difíceis.

Um colaborador, por exemplo, que se vê em dificuldades na carreira, antes de perder o emprego, ele perde sua autoestima, sua capacidade de raciocinar de maneira correta. Sua imunidade mental é reduzida, e, frágil dessa maneira, corre o risco de abortar seus sonhos pessoais, além de aprisionar suas ambições profissionais, caso não encontre mecanismos para superar esse momento delicado.

As empresas que quebraram, antes do colapso financeiro, a liderança teve um colapso mental, foi afetada significativamente pelos problemas e caiu nas armadilhas que a mente criou, diminuindo ou até destruindo o potencial mental e emocional que a ajudaria a criar soluções e a estimular a equipe a reagir também.

Uma relação que vai à falência também se deve a um esgotamento mental, em que frequentemente um tenta invalidar o valor do outro, e em vez de apoio ambos parecem lutar, mesmo que de maneira inconsciente, para que o outro não realize seus sonhos.

PROF. PAULO SÉRGIO BUHRER

Mas a parte mais importante de tudo isso é que para quem aprende a lidar com essas situações complexas da vida, e se dedica a construir um belo canteiro mental, a vida pessoal e profissional, apesar das dificuldades a que todos nós estamos vulneráveis, começa a florescer, assim como um jardim que recebe a irrigação e o tratamento adequados.

Por isso, é importante aprender a criar uma mente vencedora, capaz de compreender que os mais lindos sorrisos só surgem depois das lágrimas, e que as mais belas flores sempre nascem em meio aos espinhos. Esta é uma tese linda, que precisa ser colocada em prática dia após dia na vida de todos nós.

A vida é repleta de dificuldades, e o tempo todo, por uma série de razões que talvez nem conheça, você será convidado a deixar de lado seus sonhos e projetos de vida, e passar a fazer o que boa parcela faz: reclamar.

> PESSOAS FALIDAS ADORAM RECLAMAR.
> PESSOAS VENCEDORAS ADORAM SE SUPERAR.

Quem sabe você mesmo já se pegou reclamando de algo que não deu certo, e até atribuiu a culpa a diversos fatores ou pessoas. Porém, sabemos que reclamar não deixa as coisas mais fáceis.

Se você quer ser um vencedor, precisa parar de fazer o que os perdedores fazem. Não adianta você fazer apenas o que as pessoas de sucesso fazem. Tão importante quanto isso é parar de fazer o que as pessoas que fracassam vivem fazendo.

Pessoas que fracassam reclamam, por exemplo, de que não possuem as ferramentas certas para realizar seu trabalho benfeito. Isso é só mais uma desculpa. Eu tenho em minha casa martelo, prego, chaves, e muitas outras ferra-

MENTE DE VENCEDOR

mentas. Mas, em minhas mãos, elas não servem para nada além de juntar poeira. O que precisamos para realizar nosso trabalho é de conhecimentos e atitudes. Ferramentas você improvisa ou empresta, já conhecimento e atitude não dá para emprestar.

Tanta coisa ainda vai dar errado na sua história, você se verá em meio a tantas lágrimas e espinhos, que é um pecado passar a vida reclamando, e acabar por desistir dos seus sonhos, pessoais e profissionais, só por causa disso.

> PARA OS VENCEDORES, DESISTIR NÃO É UMA OPÇÃO. É UMA OFENSA!

Eu sei que, às vezes, as coisas são frustrantes, e isso faz você sentir uma vontade enorme de jogar a toalha e chorar, mas:

> AS LÁGRIMAS QUE BANHAM SEU ROSTO SÃO AS MESMAS QUE IRRIGARÃO SEUS SONHOS E SORRISOS.

É tanto problema ao mesmo tempo, que isso suga suas energias. No entanto, pense nisto: "Dando o seu máximo, as coisas nem sempre saem como você espera, imagine se você jogar a toalha e engavetar seus sonhos sem nunca mais sequer tentar realizá-los?". Isso sim é frustrante, não é?

Mas há algo pior do que engavetar seus sonhos: é você se acostumar com isso. Essa atitude o leva a acreditar cada vez menos na sua capacidade, e cada vez mais que não nasceu para realizar grandes coisas na vida. A pior derrota é aquela que se perde antes de lutar, e o pior adversário da sua vida é a sua mente.

PROF. PAULO SÉRGIO BUHRER

Acostumar-se com as derrotas cravará na sua mente memórias destrutivas. Sua mente ativa e acessa as memórias que você mais usa. Por isso, é preciso parar de dar desculpas, e resistir à tentação de apenas reclamar para se justificar.

É importante que você compreenda que a situação do país é relevante. Porém, o que interessa é a sua situação "econômica mental". É ela que vai traçar seus resultados. Tanto isso é verdade que, quando o país está bem e as empresas vão bem, algumas pessoas dizem que sucesso é para poucos privilegiados. E quando as coisas vão mal, o que essas pessoas falam? A mesma coisa.

Isso acontece porque, mentalmente, a economia delas sempre está com as pernas bambas, e como insistem em reclamar e dar desculpas, essas memórias ganham cada vez mais força, pois são as mais acessadas.

Quem sabe você esteja vivendo um momento delicado, cheio de dúvidas e medos, e não sabe bem ao certo que rumo tomar, acreditando, talvez, que deve engavetar seus projetos e sonhos.

É fácil deixar de acreditar no potencial que temos. Basta misturar uma sequência de resultados negativos, com uma pitada de gente que seca até arruda, e pronto: a receita do fracasso está completa.

Mesmo na vida de quem procura o sucesso, acontecerão momentos difíceis. Fracassos são inevitáveis na vida de todos nós. Contudo, todos os resultados da sua vida virão da forma como você reage e sai desses momentos.

> A QUESTÃO É: VOCÊ PRECISA APRENDER E SAIR MELHOR DEPOIS DE CADA QUEDA.

Viver é algo incerto, e isso é bom. As certezas geralmente fazem mal. A dúvida, a curiosidade, aquele friozinho na barriga, é que provocam

MENTE DE VENCEDOR

nos campeões aquela vontade em levantar da cama. É essa incerteza da derrota, ou da vitória, que ativa o melhor que temos para oferecer.

> O FRIOZINHO NA BARRIGA É SINAL DE QUE VOCÊ ESTÁ VIVENDO INTENSAMENTE.

O vencedor tem uma forma diferente de entender a vida. Ele cria um sonho, uma meta, um propósito grande, e foca toda sua estrutura mental para conseguir isso, apesar das incertezas e dos espinhos que irão, inevitavelmente, surgir. Essa sua maneira de pensar molda seu comportamento, suas atitudes, e, então, ele vai se aproximando cada vez mais do seu propósito, pois, quando se propõe a fazer alguma coisa, ele vai por completo, entra de cabeça nisso. O vencedor tem convicção de que deve sonhar alto, afinal, pior do que não atingir um sonho alto, é concretizar um sonho pequeno, comemorar e se conformar. Devemos comemorar pequenas vitórias. Mas jamais nos acomodarmos com essas conquistas, que não são as que realmente sonhamos.

> PARA REALIZAR GRANDES PROJETOS, É NECESSÁRIO COMEMORAR AS PEQUENAS CONQUISTAS, MAS JAMAIS SE CONFORMAR COM ELAS.

Em momentos de mais incertezas, medos, dúvidas, insegurança profissional, é necessário criar uma mente vencedora. É preciso entender que o melhor a fazer é desligar-se de notícias ruins, e ter mais fé, acreditar

PROF. PAULO SÉRGIO BUHRER

mais em si mesmo, e começar a mudar sua maneira de pensar, de enxergar o que acontece com você. Como todos os demais, se você souber como lidar com ele, todo momento delicado também vai ter fim.

> EM MOMENTOS DIFÍCEIS, VOCÊ TEM DE PASSAR POR ELES E SAIR MELHOR DO QUE ENTROU.

Há empresas que só crescem em momentos de crise. Existem profissionais que só são promovidos, ganham mais, quando grandes problemas surgem, e eles resolvem. Sabe por quê?

> PORQUE QUANDO O CLIMA ESTÁ EM 26º, NINGUÉM USA BLUSAS.

Geralmente, nas empresas, nas carreiras, é a mesma coisa. As pessoas tendem a se acomodar quando o clima organizacional, profissional, está normal.

Você já viu que nos filmes, nos desenhos animados, enquanto tudo está bem, os super-heróis estão disfarçados de pessoas comuns? O mesmo acontece com os vencedores. Eles aparecem quando os perigos aumentam. Quando as coisas realmente pegam fogo é que precisamos vestir nossa capa de super-herói e agir.

Uma empresária amiga minha aumentou em cerca de 30% suas vendas num momento de crise. Em vez de se afogar nas lágrimas das lamentações, ela foi à luta, como a orientei, e fez dezenas de novas parcerias. Como ela vende chocolates, procurou lojas de revenda de veículos,

MENTE DE VENCEDOR

e convenceu os donos de que, para saírem da crise e vender mais, deveriam dar chocolates aos clientes. Convenceu também, crianças e pais, que, em suas festas de aniversário, deveriam levar chocolates prontos, pois era mais barato, e as pessoas iriam adorar a novidade. Fechou parceria ainda com empresas de formatura, salões de beleza, que passaram a oferecer chocolates para os formandos e clientes.

Em outra consultoria que realizei, uma lanchonete estava pensando em fechar as portas. A estratégia para não deixar que isso acontecesse foi simples. Pedi para que todos os cinco gerentes da empresa fizessem, pelo menos, trinta ligações por dia, convidando qualquer pessoa da lista de negócios da cidade a irem à empresa degustar excelentes lanches, com direito a um cafezinho grátis. Em um mês, foram quase 4 mil ligações, resultando numa taxa de conversão de mais de 20% de clientes compradores.

Em outra empresa, criamos o "lanche motivacional". Convenci os donos da empresa a ligar para os empresários da cidade, começando pelos que eram seus amigos, e usarem o seguinte argumento: "Em momentos de crise, a melhor maneira para sairmos dela é motivar quem trabalha conosco. Então, criamos o lanche motivacional para sua equipe. Esse lanche é altamente motivacional, e vai dar muita energia ao seu pessoal para venderem e gerarem mais lucros. E o melhor, montamos todo o evento a um valor muito especial neste momento difícil pelo qual todos estamos passando". O resultado: centenas de eventos com o "lanche motivacional".

Lembre-se de que não é a crise que destrói você, sua carreira ou empresa: é como você responde a esse momento conturbado. É nessas horas que os vencedores mais mostram a cara, enquanto a maioria desaparece.

O vencedor sabe que vai levar pancada, porém, depois disso, de alguma derrota passageira, ele sai mais forte, e

PROF. PAULO SÉRGIO BUHRER

se entrega por completo ao mesmo projeto, de um jeito diferente, ou começa algo novo. A pessoa vencedora não reage uma ou duas vezes e se entrega. Ela simplesmente não se entrega. Sua mente está focada em arranjar um jeito de aproveitar o momento delicado para crescer, ou, no mínimo, se manter até a poeira baixar.

Vencedores estudam a situação, o mercado, os negócios, aprendem cada vez mais, e não param enquanto não encontram soluções.

O empresário que quebra uma vez tem de aprender com isso. Deve reconhecer o que fez de errado, se aconselhar com profissionais competentes da sua área, devorar livros de negócios, e ir com mais coragem para o mesmo ou um novo empreendimento. O líder que não conseguiu extrair o máximo da equipe, e viu o *turnover* da empresa aumentar, tem de fazer um exame de consciência, descobrir onde foi que errou, estudar muito e trabalhar para construir equipes de sucesso.

O colaborador que não foi promovido, que não recebeu o aumento que achou que merecia, precisa rever seus conceitos, pois o que era motivo para promoções e aumento há algum tempo pode não ser mais agora. Talvez o reconhecimento não tenha acontecido porque ele não entrou de cabeça nos projetos da empresa, nas metas que foram repassadas. Ele precisa mudar seu jeito de ver a carreira, e parar de se doar pela metade naquilo que faz. Tem de se jogar inteiro, mesmo que não esteja fazendo aquilo que ama. Afinal, geralmente só se consegue fazer o que se ama quando se faz benfeito o que se faz agora.

Quem sabe seja a hora de você perceber que o trabalho é o melhor atalho para o seu sucesso, e passe a trabalhar com prazer e alegria. Trabalhe com alegria. Sempre desejo às pessoas que elas tenham 101% de energia e 102% de alegria. Sabe por quê? Quando a energia acabar, elas ainda terão ale-

MENTE DE VENCEDOR

gria, e com um sorriso no rosto sempre conseguimos recarregar nossas baterias. Geralmente pessoas sem um sorriso no rosto levam mais tempo para conseguir o que querem, porque um sorriso sincero é o seu melhor cartão de visitas.

> MAIS IMPORTANTE DO QUE A MEDIDA DAS ROUPAS QUE VOCÊ USA, É O TAMANHO DO SORRISO QUE VESTE SEU ROSTO E SUA ALMA.

Eu quero ajudar a construir um Brasil de pessoas vencedoras, de pessoas iguais a você, que travam uma verdadeira guerra contra o conformismo, reclamações e desculpas. Que, apesar de todas as dificuldades, acordam cedo e vão cumprir o que combinaram.

Muitos dizem que o Brasil só anda depois do carnaval. Isso não é verdade, é só o jeito como alguns encaram a vida. Isso não funciona assim para quem tem uma mente de vencedor. Vencedores começam a vender, criar projetos, já no primeiro dia do ano. Enquanto abraçam seus familiares e amigos na virada do ano, já aproveitam para entregar um cartão de visitas.

Um amigo meu diz que logo no dia dois de janeiro começa a ligar para seus clientes. Ele fala: "Paulo, alguns vão dizer que não é momento de comprar. Bem, aí é só eu ligar para outros, até que alguém compre".

O que você faz no começo do ano é tão, ou mais, importante que aquilo que faz no final. Numa partida de futebol, por exemplo, a torcida sempre culpa o jogador que perdeu o pênalti no final. Mas aquela jogada ruim que o lateral esquerdo fez no começo do jogo, chutando para o gol, sendo que o atacante estava sozinho, livre para marcar um golaço, tem o mesmo peso do erro da cobrança do pênalti.

Precisamos entender que a todo o momento estamos construindo nossa história. Sucesso e fracasso depen-

PROF. PAULO SÉRGIO BUHRER

dem, basicamente, do que fazemos o tempo todo, e não apenas neste ou naquele momento.

Infelizmente, tenho notado que algumas pessoas acabam se conformando. Com medo das crises e dificuldades, elas decidem, mentalmente, que não dá para fazer mais nada, a não ser torcer para que as coisas mudem. Só que eu e você sabemos que nada muda, para melhor, se ficarmos esperando. Enquanto alguém está esperando para ver o que acontece, outros estão fazendo acontecer.

> NEM ÔNIBUS ESPERA. IMAGINE AS OPORTUNIDADES.

Se você é colaborador, pode estar passando pelo momento mais difícil da sua carreira. Mesmo se doando, parece invisível na empresa, e sente-se angustiado pela falta de oportunidades e já não sabe bem ao certo como agir. Talvez pense em revolucionar sua carreira, partir para outras áreas, mas não sabe por onde começar. Quem sabe a empresa na qual trabalha esteja fechando as portas, e você, agora, percebeu que seu currículo não é tão bom quanto pensava. Pode ser que você tenha vasta experiência, mas, nestes novos modelos de negócios, não seja tão desejada quanto você imaginava.

Se você é líder, empresário, gerente, pode ser que sua equipe não esteja respondendo como você espera. Você conclui que do jeito que está não dá para ficar. Porém, não sabe bem ao certo que caminho tomar. Pensa em demitir, todavia, percebe que o mercado também não oferece gente mais competente do que quem já está com você.

 MENTE DE VENCEDOR

Mas se quem está com você não mudar o comportamento, sua empresa corre o risco de nunca conseguir atingir as metas que traçou. Esse impasse mexe com a gastrite de qualquer um, não é?

Eu sei também que fica complicado manter a energia, a vontade de fazer mudanças, e até difícil de acreditar em projetos mais audaciosos, quando o esforço parece não ser reconhecido, e não traz os resultados que você esperava para sua carreira, empresa, liderança. Friso que, sempre que falarmos em mudança, significa mudar para melhor, porque mudar e mudar para melhor são coisas bem distintas.

Para enfrentar todas essas turbulências é necessário criar uma mente vencedora, entrando no jogo, em vez de ficar esperando que as soluções caiam do céu. Quem constrói essa mente é capaz de perceber que as tempestades sempre se acalmam, e revela novas paisagens e belos lugares a serem explorados para quem mantém uma mente, corpo e alma positivos.

O vencedor pensa e age diferente. Ele escolhe as coisas difíceis para fazer. Afinal, coisas difíceis não são feitas por perdedores. Ele torce para que situações complexas apareçam, pois sabe que é nelas que o sucesso se esconde.

COISAS DIFÍCEIS NÃO SÃO FEITAS POR PERDEDORES.

Como você sabe que está no caminho errado? É quando tudo está muito fácil. Quando tudo estiver calmo, tranquilo, sem medo, você precisa desconfiar. Em momentos assim, podemos ter a aparência de vencedor. No entanto, é quando o circo está pegando fogo que caem as máscaras dos atores, e só os verdadeiros vencedores continuam o espetáculo.

PROF. PAULO SÉRGIO BUHRER

Eu não sei a situação pela qual possa estar passando, mas sei que posso ajudar você a sair dessa.

Com convicção, digo que é hora de você entrar em campo, virar o jogo, provocar mudanças reais, e ser aquilo que merece ser, e ter aquilo que merece ter.

> CHEGA DE VIVER NUM CICLO DE FRACASSOS
> OU DE SUCESSOS PASSAGEIROS.

 MENTE DE VENCEDOR

STATUS MENTAL

A vida apresenta oportunidades para, praticamente, todos nós, e não podemos passar por ela sem realizar nossas metas, nossos propósitos, nossos sonhos.

Mas, infelizmente, algumas pessoas desperdiçarão seus talentos e jogarão fora sua capacidade de se realizar, e de ajudar muita gente a conseguir a mesma realização. Isso se deve ao processo mental que chamo de status mente perdedora.

O sucesso ou o fracasso de cada pessoa está intimamente ligado ao seu status mental. Quando o status mente perdedora se instala na mente da pessoa, ela não consegue mais transformar problemas em soluções, crises em oportunidades, desculpas e reclamações em formas de fazer o que deve ser feito. A vida dela vira um ciclo de episódios ruins, de cenas tristes. Ela pode até lutar por um tempo, mas, como o status mental está ligado no modo perdedor, logo ela desiste, porque os resultados simplesmente não acontecem. Em pouco tempo, entra em qualquer competição sem ânimo, até o dia em que deixa de competir, e passa a se autossabotar, subestimando a própria capacidade.

> NUNCA SUBESTIME SUA CAPACIDADE. É ISSO QUE QUEM DESISTE VIVE FAZENDO.

Quem entra nas disputas da vida com o status perdedor, acaba se acostumando a perder, e cristaliza na mente a crença de que nada dá certo, e irá se considerar vencido antes mesmo de criar ou começar qualquer novo projeto de vida. A mente, que era para ser seu amigo mais fiel, vira um carrasco.

PROF. PAULO SÉRGIO BUHRER

> SÓ TENHA MEDO DE UMA COISA NESTA VIDA: DA SUA MENTE. ELA PODE SER SEU MELHOR AMIGO, MAS, TAMBÉM, SEU MAIOR ALGOZ.

Você pode estar passando por momentos difíceis, mas não precisa ser assim o tempo todo.

Acredito que você adoraria ter a sensação de que o trabalho que está fazendo, que a sua dedicação, têm transformado seus resultados e os da empresa para melhor, tornando-o especial nesse lugar. Isso lhe daria energia para se dedicar mais, e para acreditar que, no seu tempo, terá a recompensa e o reconhecimento merecidos, nessa ou em outra organização.

Como líder, você gostaria de ter uma equipe cheia de vigor, determinada, comprometida, e com uma visão positiva dos negócios e da vida. Uma equipe que não trava em momentos difíceis, mas que, justamente, nessas horas é que mostra o quanto é especial e competente.

Como empresário, você sonha em ter líderes que toquem a empresa melhor do que você mesmo faria. Quem sabe esteja cansado de ser o único a apagar incêndios, e nota que sem você as coisas não andam, e há anos você não consegue tirar uma semana de férias com sua família.

Mesmo que algo parecido esteja acontecendo com você, o que realmente importa é ter a convicção de que é possível tirar o foco dos problemas, da crise, das coisas que dão erradas, e, consequentemente, focar em soluções, abrindo toda a sua estrutura mental para ir além das metas, e alcançar resultados muito expressivos. É possível fazer da sua carreira, da sua liderança e da sua empresa um grande sucesso, e ser feliz enquanto conquista tudo isso. Afinal:

> SUCESSO SÓ EXISTE COM FELICIDADE.

Para realizar suas metas, seus sonhos, seus projetos, e para ir muito além deles, obrigatoriamente, você precisa mu-

 MENTE DE VENCEDOR

dar seu status mental. É preciso acessar o status mente de vencedor, para que o sucesso se torne algo inevitável em sua vida.

Não importa sua função ou cargo neste momento. Seja você dono do próprio negócio, gerente, supervisor, diretor, secretária, profissional liberal, assistente, é em momentos de medo e incertezas, que você tem de aparecer. E isso só vai acontecer se você reprogramar seu status para "mente de vencedor".

Síndrome do sofá

Um das maiores certezas que tivemos foi acreditar que fazendo as mesmas coisas teríamos os mesmos resultados. Hoje, achar que fazendo as mesmas coisas os resultados se manterão é uma verdadeira ilusão. Se você quer se manter, vai ter que fazer mais. E se você quiser crescer, vai ter que se doar muito mais ainda.

> COMO A ÁGUA PARADA ATRAI O MOSQUITO DA DENGUE, VOCÊ, PARADO, ATRAI PREJUÍZOS PARA A SUA VIDA.

Portanto, viver acomodado é algo que vai prejudicar seus resultados sempre.

Tenho escutado um discurso perigoso de acomodação em relação à realização pessoal e profissional. As pessoas me dizem: "Paulo, mas estou feliz como estou. Não preciso de mais nada. Se eu terminar a minha vida assim, está ótimo. Não quero ter de lutar contra essa crise. Vou ficar aqui no meu cantinho esperando tudo se ajeitar".

Esse é o problema: o mundo é movimento, ele muda o tempo todo, e não há nenhuma garantia de que daqui dois, cinco, dez, quinze anos, a sua vida estará do mesmo jeito que está agora. Se você não se movimentar, será pego de

PROF. PAULO SÉRGIO BUHRER

surpresa, e pode passar por situações complicadas, que não seriam necessárias se mantivesse algum movimento que o fizesse evoluir sempre.

O fato é que não dá para se arriscar a ficar do mesmo jeito, só torcendo para que nada mude. Tudo muda. Seus amigos podem mudar, seu emprego, empresa, trabalho, pessoas entrarão na sua vida, enquanto outras partirão. Esse é o fluxo normal das coisas.

Por isso é tão importante não engavetar, ou desengavetar sonhos. Eles nos mantêm vivos e ativos, livres da síndrome do sofá.

Provavelmente, você conhece pessoas muito competentes, mas algumas delas sofrem até para suprir as necessidades mais simples. Você percebe que elas possuem talentos, mas, mesmo assim, não conseguem obter resultados com eles. Pessoas que você tem certeza de que poderiam dobrar, triplicar seus resultados, porém, por alguma razão, não conseguem. Quem sabe você viva algo parecido. Sabe que tem potencial, mas não sabe bem ao certo a razão de não obter o retorno que gostaria por meio dos seus talentos.

São vendedores com imensas qualidades técnicas, que conhecem o passo a passo das vendas, atendem bem aos seus clientes, porém, os clientes sempre deixam o cheque na concorrência.

São líderes com amor no coração, com vontade de ajudar seus liderados a crescer, a construir equipes de alta performance, todavia, por alguma razão, as equipes travam, os resultados não acontecem, e esses líderes se frustram.

São colaboradores com alto grau de competência, excelente nível técnico, e alguns até possuem uma motivação inicial para novos projetos. Porém, essa chama motivacional se apaga quando obstáculos, problemas e desafios maiores aparecem.

MENTE DE VENCEDOR

São pessoas que tinham sonhos de cursar uma faculdade, mas por esta ou aquela razão pararam de estudar e, hoje, se acham velhas demais para fazer isso. Dizem que sentem vergonha de retornar à escola e ter de estudar em meio a tantos jovens. No entanto, quanta vergonha elas já passaram por falta de uma formação? Quanta vergonha ainda irão passar se não retomarem os estudos?

Como elas farão para ter coragem de recomeçar? Elas precisam se livrar da acomodação. Precisam focar na vontade de ter um futuro melhor, e passar por cima da vergonha, do medo e das desculpas.

Qual é a maior dificuldade dessas pessoas? É a acomodação, que impede que criem uma mente vencedora. Se não se livrarem dessa acomodação, quando os obstáculos aparecerem, elas vão sofrer em dobro, além de ficarem cegas às oportunidades.

Um dia desses, pedi um orçamento para reformar todas as cadeiras do escritório. Eram dezessete cadeiras. O vendedor veio, verificou as cadeiras, e me passou o valor dos seus serviços. Estava dentro do esperado. Como sempre queremos ter mais por menos, pedi um desconto, e ele, rapidamente, abateu 20% no valor. Todavia, disse: "Com essa crise, esses 20% de desconto vão me matar". Eu sorri e respondi: "Melhor você do que eu".

Esse vendedor é acomodado. Ele não enxerga um palmo diante do nariz. Sabe por quê? Por que a empresa dele conserta persianas, fabrica sofás, reforma estofados, inclusive, automotivos, mas ele não me disse nada disso. Logo na porta de entrada do escritório, havia uma persiana com várias lâminas estragadas. Ele nem sequer olhou para as persianas.

Ele poderia ter me vendido mais serviços e produtos, porém não o fez, e ainda me deu 20% de desconto no ato. Poderia, também, ter dito que desconto não me daria, no en-

PROF. PAULO SÉRGIO BUHRER

tanto, arrumaria de graça as lâminas estragadas da persiana, cujo custo não chegaria nem a 10% do desconto que me deu. Dois colaboradores meus, há tempos, relatavam que gostariam de fazer reformas em seus sofás de casa. O vendedor poderia ter triplicado seu faturamento se oferecesse mais serviços aos 15 colaboradores que tínhamos na época e fechasse alguma venda ou serviço com alguns deles.

Você percebe que é por essa e outras razões que as pessoas, empresas, vendedores, vivem em crise? Elas não conseguem aproveitar ao máximo as oportunidades. E isso se deve à Síndrome do Sofá.

Quando você aproveita todas as oportunidades, se uma crise se instala, você terá, no mínimo, recursos suficientes para aguentar os momentos difíceis, assim como as formigas, que trabalham bastante fazendo o máximo que podem, e guardam suprimentos para os momentos complicados.

Entenda que tudo, o tempo todo, está mudando. Mas, em momentos de crise, as mudanças têm de acontecer mais rápido. O vendedor que ainda vende do mesmo jeito há cinco anos, aliás, há um ano, hoje, não vende mais. A maneira como ele vendia não serve mais. Se ele não aprender a fazer diferente, estará em maus lençóis.

O jeito que um líder liderava há dez anos, provavelmente não funciona mais. Os adolescentes da época, com dez, quinze anos, hoje entraram no mercado de trabalho, e não conseguem respeitar o mesmo estilo de liderança. Eles são mais ágeis, mais conectados com tudo, e conseguem, com uma boa liderança, fazer muitas coisas ao mesmo tempo e em menor prazo, pois sempre estão procurando tecnologias novas para realizar seu trabalho.

A acomodação é uma cortina escura, que não deixa a luz do sucesso e da felicidade entrar na "sala" da sua vida. Não permita que isso aconteça com você.

Pessoas com mente vencedora têm atitude, elas arris-

 MENTE DE VENCEDOR

cam. Sabem que vão errar muitas vezes, porém, também percebem que quando acertam, são capazes de revolucionar suas carreiras, suas empresas, seus negócios, resultados, e o mundo.

Mente perdedora

Para conhecer, e criar, uma mente vencedora, é necessário saber como é a mente perdedora.

A mente perdedora possui cinco graves defeitos. São eles: pensamentos abortivos, crenças paralisantes, fragilidade, sonhos pequenos e baixa resistência às dificuldades.

Toda a construção do comportamento do ser humano começa pelo pensamento. O ato de pensar é formidável, e precisa ser realizado com competência, para gerar os efeitos positivos necessários.

Somos uma fábrica de pensamentos. A questão é que muitas pessoas colocam essa fábrica em sistema de falência, cuja matéria-prima principal são os pensamentos abortivos.

Quanto mais pensamentos abortivos permitirmos entrar em nossa mente, mais difícil será sairmos de situações complicadas, e, ao longo do tempo, até mesmo das mais corriqueiras. E são milhares de pensamentos diários. Cada um deles criando outros milhares. Um a um, com conexões entre si. Enfim, ao final de um dia, milhões de pensamentos podem ter invadido sua mente, e eles gerarão suas crenças e seus comportamentos, e por consequência seus resultados.

Desse modo, pensar de maneira abortiva, ou seja, bloqueando possibilidades, aceitando passivamente os acontecimentos, fugindo de riscos aceitáveis para evitar decepções gera, consequentemente, crenças e comportamentos paralisantes.

Uma crença nada mais é do que uma série de pensa-

PROF. PAULO SÉRGIO BUHRER

mentos, do mesmo padrão, que são aceitos sem discussão. As crenças paralisantes são, então, na realidade, uma somatória de pensamentos abortivos. E os comportamentos errados são, assim, uma sequência de crenças paralisantes.

Se constantemente você aceita comentários de que casamento é difícil, por exemplo, vai construir uma rede de pensamentos abortivos sobre o casamento. Em pouco tempo, sua crença será: "Realmente casamento é difícil", e certamente você terá grandes dificuldades para se relacionar de maneira séria com alguém, confirmando, assim, sua crença. Infelizmente, toda vez que alguém confirma uma crença, essa crença se fortalece. E você ainda vai dizer feliz aos seus amigos: "Não falei que casamento era difícil".

Se alguém constrói uma rede de pensamentos, por exemplo, de que na empresa na qual trabalha não existe possibilidade de progresso, já que todos do seu departamento comentam isso, em breve esses pensamentos se tornam uma crença, e a pessoa corre o risco de jamais ser promovida. Mais uma vez, acaba confirmando sua crença.

Muitas pesquisas científicas comprovam essa tese sobre a arquitetura dos pensamentos. Você pode acabar com todos os seus sonhos, só por manter uma estrutura mental recheada de ideias e pensamentos abortivos.

Quem arquiteta redes de pensamentos abortivos geralmente são pessoas que preferem ser vistas como vítimas. Algumas até competem para provar que sofrem mais que outras. Elas acreditam que o dó e a piedade dos outros faz bem a elas, pois todos se achegam quando estão frágeis. Na Medicina, chamam isso de ganho secundário da doença, que é quando o paciente adoecido percebe que seus familiares se aproximam dele porque está mal. Também de maneira consciente, porém na maioria das vezes inconsciente, a pessoa acaba procurando ficar doente, algumas criam

 MENTE DE VENCEDOR

doenças imaginárias, que podem se tornar reais (doenças psicossomáticas), para se sentirem especiais para os outros.

Todavia, é preciso entender que crescemos e somos importantes para quem nos ama, quando somos dignos de admiração, e não de pena.

> CRESCEMOS QUANDO SOMOS DIGNOS DE ADMIRAÇÃO, E NÃO DE PENA.

Uma cena triste, porém comum, não é? Como disse, certamente você conhece alguém que já abortou todos os seus sonhos, seus projetos, que se tornou frágil, e tudo começou na construção dos seus pensamentos.

Mas a verdade é que o ser humano não nasceu para sonhar pouco. O projeto da criação é para que tenhamos o que de melhor há na Terra. Por que então as pessoas deixam de sonhar, ou sonham pequeno? Porque é a sequência lógica da construção da mente perdedora: pensamentos abortivos levam a crenças paralisantes, que tornam o ser humano frágil e incapaz de discutir com suas crenças, e, automaticamente, essas crenças paralisantes vão fazê-lo sonhar cada vez menos, até que um dia ele nem sonha mais.

É complicado para alguém com essas quatro características anteriores – pensamentos abortivos, crenças paralisantes, fragilidade e sonhos pequenos – conseguir se apaixonar pela vida, pelo que faz, não é? Isso a fará não se entregar completamente àquilo que estiver fazendo, matando assim sua fome para conquistar o melhor que a vida oferece. Ela não vai alcançar suas metas, pois, talvez, não tenha meta alguma.

Somando tudo isso, qualquer um de nós construiria o último passo da mente perdedora – baixa resistência às dificuldades –, e veria um pequeno problema como uma enorme tempestade. Então o ciclo da mente perdedora

PROF. PAULO SÉRGIO BUHRER

se fecha, e é retroalimentado para o começo do processo, ou seja, essa baixa resistência só fará a pessoa ter pensamentos e mais pensamentos abortivos. Assim, ela acaba se fechando, por tempo indeterminado, à possibilidade de construir uma mente vencedora e de realizar as metas, sonhos e objetivos.

Mente vencedora

A pessoa com mente vencedora tem uma visão completamente diferente dos acontecimentos. Todos os acontecimentos ruins da vida a fazem seguir adiante, e não paralisar.

Quem tem a mente vencedora não reclama das pressões, dos grandes desafios, da correria do dia a dia. A pessoa sabe que é em meio à guerra, à luta diária, às pressões e agitação que ela precisa encontrar a paz, tranquilidade, serenidade, para resolver os conflitos, superar os desafios e tornar-se diferenciada no mundo dos negócios e nas suas relações pessoais.

Por exemplo: o que faz um profissional crescer? Pense por alguns instantes. Se puder, converse com mais alguém sobre essa pergunta antes de responder.

Provavelmente você pensou em palavras como COMPETÊNCIA, DETERMINAÇÃO, COMPROMETIMENTO, MOTIVAÇÃO. São atitudes importantes, mas é o mínimo que um profissional precisa oferecer para conseguir se manter no mercado de trabalho, não é?

Porém, sabe o que faz uma pessoa ter sucesso no mundo corporativo? Necessidade, vergonha, medo, tristeza, dor, crise, problemas. Estranho? Você vai ver que não.

A mente de uma pessoa vencedora sabe que a necessidade, a vergonha, o medo, a tristeza, a dor, a crise e os problemas precisam fazê-la crescer. Tudo isso a faz ter ainda mais vontade de vencer na vida. Porque se ela for derrotada por essas situações difíceis, sairá perdendo cada

MENTE DE VENCEDOR

vez mais. Se ela se deixar abater, vai se encurvar mais e mais, até não ter coragem de arriscar qualquer pequeno projeto. É como alguém que está com dor nas costas e vai se curvando um pouco mais, porque nessa posição dói menos. A questão é que toda vez que ela se curva e não resolve o problema nas costas, terá de se curvar mais da próxima vez. Se não enfrentar o problema, com novas atitudes, em pouco tempo mal conseguirá caminhar.

O mesmo vale para o mundo corporativo. Imagine que você é um assistente administrativo, e seu superior pede para você fazer uma apresentação aos diretores, falando sobre determinado tema da sua competência. No entanto, você é muito tímido, e diz que prefere que seu colega faça a apresentação. O que acontece? Como você não enfrenta sua timidez, será cada vez mais tímido, e terá de ser conformar em ver seu colega sendo promovido, e não você.

Pense em outra coisa que faz uma pessoa com mente vencedora crescer, porém, agora, como já entendeu a ideia, focando em algo visto como negativo para a maioria. Conseguiu imaginar algo? Se não, eu tenho mais uma: alguém que duvide da sua capacidade.

Isso mesmo. A maior parte das pessoas fica chateada com alguém que duvida delas. Se magoam facilmente, muitas choram e ficam deprimidas quando alguém, importante ou não, duvida delas.

Na mente da pessoa vencedora, quem duvida da sua capacidade é um motor de arranque para que ela realize com mais vontade seus projetos, e vá mais longe, nem que seja só para "dar na cara" de quem duvida dela.

Quer mais uma coisa que faz uma pessoa com mente vencedora crescer, enquanto paralisa quem não constrói essa mente? Sentimento de inferioridade.

Sim, o sentimento de inferioridade tem de fazer você

PROF. PAULO SÉRGIO BUHRER

crescer, e não deixar você mais inferior ainda. Você tem que pegar esse sentimento e transformá-lo no alimento que dá vida aos seus sonhos. De certo modo, quando trabalhei como gari, em me senti por muito tempo inferior. No colégio, alguns amigos que descobriram minha profissão olhavam com desdém para mim, como se eu fosse inferior. Por algum tempo, aquilo me incomodou, até que percebi o quanto me fazia mal aquele sentimento. Até que um belo dia, um dos meus professores me viu varrendo a rua. Ele parou, me cumprimentou e disse que eu era muito especial na vida dele, e que estava fazendo ele ver a vida de um jeito diferente. Quem importa para você, não se importa com o que você faz ou tem. Desde que seja algo honesto, essas pessoas jamais o farão se sentir inferior.

Para finalizar, mais uma característica que faz você crescer: insegurança profissional. Exatamente. As pessoas buscam por segurança na carreira, nas empresas. Mas ela faz você se acomodar, regredir. O que faz você se mexer, procurar mais resultados, destruir e reconstruir o que você sabe, para ter mais resultados, é a insegurança, aquele medo de estar ficando para trás, porque todos estão crescendo. Sem insegurança, você paralisa em vez de evoluir.

O que faz um cachorro se mexer mais? Uma pulga, não é? Então, o vencedor procura "pulgas" para o seu dia a dia. Assim, ele sabe que terá de se movimentar mais, se virar para lá e para cá. Pode chamar de problema, dificuldade, desafio, meta. O importante é arranjar algo que faça você se movimentar mais, na direção certa.

A mente do vencedor é diferente, não é? Ela sabe que é preciso ter uma casca grossa quando a temperatura estiver abaixo de 0º, e não quando os termômetros marcam 26º. A lua só brilha à noite, quando tudo está escuro, difícil de ser visto. Como a lua, a mente da pessoa vencedora sabe que é em momentos escuros e congelantes que ela precisa brilhar mais.

Quem tem uma mente vencedora sabe aproveitar as oportunidades.

Um empresário amigo meu ficou revoltado com a atitude dos seus colaboradores.

Ele ofereceu 100% grátis para todos participarem de uma palestra que eu estava promovendo. Sabe o que aconteceu? Dos dez colaboradores, dois aceitaram.

Triste, não é? Em um mundo onde se clama por oportunidades, fica difícil de acreditar que as pessoas as desperdiçam.

As pessoas dizem que a vida foi dura com elas, e que nunca tiveram oportunidades. Mas, na maioria das vezes, o que acontece é que quando a oportunidade aparece geralmente ela está disfarçada de trabalho, problema, pressão, e aí elas não a percebem. Porém, em pouco tempo, aparece uma pessoa mais competente, dedicada, com atitude e mente de vencedor, e a aproveita.

Não deixe isso acontecer com você. Aproveite as oportunidades que a vida, o tempo todo, está jogando na sua cara. Agarre-a como se fosse aquela gata, aquele gato, que você sonha tanto em ficar junto, que pode ser o grande amor da sua vida.

Qual é o futuro da empresa do meu amigo? Qual é o crescimento que ele não está tendo, por ter pessoas sem a atitude e mente de vencedor na equipe? Mais cedo ou mais tarde, seja como empresário, colaborador, profissional liberal, líder, concluímos que os resultados que perdemos por não aproveitar as oportunidades sempre fazem muita falta.

PROF. PAULO SÉRGIO BUHRER

Boa parte das derrotas da nossa vida acontece porque nos rodeamos e confiamos em pessoas com mente perdedora. Por isso, se você quer fazer sucesso, construa uma mente vencedora, e fique rodeado de pessoas que também a tenham.

Antes de você saber quais são os passos para construir sua mente vencedora, vamos esclarecer alguns pontos fundamentais para que você consiga isso com muito mais êxito.

Mitos sobre motivação

> MOTIVAÇÃO NÃO É ALEGRIA. ALEGRIA VOCÊ TEM ASSISTINDO A UM PALHAÇO. MOTIVAÇÃO É VOCÊ TER A CORAGEM DE SER O PALHAÇO, MESMO COM O CIRCO PEGANDO FOGO.

Eu não sou um escritor, nem um palestrante motivacional. As pessoas veem errado o significado de motivação. Sem ela, aos poucos, perdemos tudo. Porém, se só tivermos motivação, corremos o risco de ir mais rápido para o fundo do poço. Afinal, se há algo pior do que estar no caminho errado, é estar nele muito motivado.

Aqueles pulos, gritos, uivos que alguns palestrantes fazem você ecoar no auditório, não têm nada a ver com motivação. Não sou contra a criar um ambiente alto-astral nos eventos, porém, se você é empresário, deve ficar furioso quando no outro dia após a palestra, sua equipe entra soltando gritinhos pela empresa, porém, sem ter aprendido um jeito novo sequer de aumentar as vendas, a produção, os resultados.

 MENTE DE VENCEDOR

> SE HÁ ALGO PIOR DO QUE ESTAR NO CAMINHO ERRADO, É ESTAR NELE MUITO MOTIVADO.

Em vez de motivação, eu prefiro trabalhar mudança mental, de crenças e hábitos. Só assim se muda o comportamento e cria-se a capacidade para resistir aos momentos difíceis.

A mente da pessoa vencedora sabe que as coisas geralmente dão errado antes de darem certo. Normalmente, os resultados nunca vêm exatamente quando a gente espera. Só os vencedores persistem. Isso é motivação: persistir no caminho, mesmo que esteja chovendo canivetes. Para ter essa motivação quase inabalável, é preciso ter uma mudança de mentalidade, criar uma nova visão dos cenários que se apresentam.

Quando você não está obtendo os resultados que gostaria, precisa intensificar sua mudança mental e amplificar suas competências, para ter mais capacidade de aguentar os solavancos da vida. Tem de fazer mais do que fez até então.

Mas geralmente algumas pessoas fazem o contrário: por não atingir os resultados que gostariam, diminuem o ritmo, o que só faz os resultados piorarem. Na verdade, algo importante que temos de entender é que motivação é mais necessária quando nada está dando certo.

> MOTIVAÇÃO É MAIS NECESSÁRIA QUANDO NADA ESTÁ DANDO CERTO.

É preciso deixar claro que motivação, garra, força de vontade são essenciais na busca pelo sucesso que cada um quer, mas valem pouco sem uma capacidade enorme de superação, de seguir adiante. Só a mente do vencedor tem essa capacidade. Além disso,

PROF. PAULO SÉRGIO BUHRER

motivação, garra, brilho nos olhos têm quase nenhum valor sem competência, fome de resultados e sem uma visão de longo alcance, que antevê problemas, que foca em soluções e alternativas.

Muitas pessoas me pedem para eu mostrar como elas devem se motivar, afirmando que não gostam da empresa na qual trabalham, dos clientes que atendem, da equipe que lideram, do chefe, enfim, sentem-se desmotivadas profissionalmente.

Digo sempre: "É justamente por não gostar do que faz que precisa estar cada vez mais motivado. Afinal, você não precisa gostar do que faz. Sua motivação não vem disso. Você só precisa gostar do que compra, do que realiza, mesmo com um trabalho que não gosta. Sabe aquele pedaço de pão que você leva todo fim de tarde para sua família? Ou aquele superpresente que você dá no aniversário do seu filho? A casa que você mora, sua ou alugada, o carro que possui, sabe de onde surge tudo isso? Pois é, eles vêm do seu trabalho, você goste ou não dele. Você precisa gostar do que consegue com o que não gosta. Como milagre, na maioria das vezes, seu trabalho começa a fazer sentido, e você corre o risco de se apaixonar por ele. Se isso não acontecer, terá motivação suficiente para encontrar um que lhe dê mais prazer".

Ninguém precisa, obrigatoriamente, estar motivado para ir ao trabalho. A pessoa tem de estar motivada a dar um tênis novo para o filho, pagar o colégio, comprar ou trocar de carro, viajar. Ela tem de estar motivada a pagar os remédios que a mãe, o pai, alguém importante na sua vida, precisa. Sua motivação tem de ser inabalável para realizar os seus sonhos, e não depender de gostar ou não do que faz.

Trabalhar no que se ama é maravilhoso, mas não tem nada a ver com motivação. É apenas um incentivo. A verdadeira motivação é aquela que arranca você da cama, ainda que não esteja tão alegre ou feliz com sua profissão, porque sabe que é dessa profissão que você sustenta sua família, preserva sua dignidade, e começa a realizar seus objetivos.

 MENTE DE VENCEDOR

A pessoa com mente de vencedor é motivada integralmente, e enquanto a maioria para, ela continua. Apesar de em alguns momentos o mar não estar para peixe, ela sempre enxerga o oceano.

Trabalhar muito não significa ganhar muito

Na dúvida, trabalhe bastante. Quem faz isso sempre tem algum resultado.

Entretanto, conheço muita gente que trabalha mais do que formiga e abelha operária juntas, se arrebenta pela carreira, pelo negócio que montou, estuda muito, faz duas faculdades, MBA, e já está terminando o Mestrado, porém, os resultados simplesmente não acontecem na vida delas.

Quem ganha cinquenta mil reais por mês, não trabalha 50 vezes mais do que aquela pessoa que ganha mil reais. Não é assim que funciona.

Por que é que as coisas não dão certo mesmo a pessoa trabalhando e estudando bastante? Por que muitos têm a sensação de que, no fim das contas, o esforço, o empenho em tudo o que foi feito pelo sucesso, não saíram como o planejado?

Eu sei que você é uma pessoa que trabalha muito para ter o sucesso que acha legal, tanto para você quanto para as pessoas que vivem com você. Quantas vezes, provavelmente, não teve tempo nem de ficar com a família num fim de semana, sair para comer uma pizza com os amigos, se divertir na balada ou conseguir acompanhar o crescimento dos filhos, porque sempre se dedicou ao trabalho, à carreira, à empresa. No entanto, você nota que mesmo tendo lutado bastante para alcançar esse sucesso, que beneficiaria todos vocês, ele não veio até agora, e, quem sabe, tamanha dedicação esteja afastando a felicidade da sua vida.

PROF. PAULO SÉRGIO BUHRER

E aí você se pergunta: será que vale a pena tanto esforço? Será que continuo com tamanho comprometimento com a minha carreira? O que será que tenho feito de errado em relação a tudo isso, pois vejo tanta gente que trabalha bem menos do que eu melhorando de vida e com tempo para ser feliz?

Onde está a raiz do problema? Aliás, qual é o problema que tem impedido você de ter e ser tudo aquilo que merece?

Garanto-lhe que o problema não é você trabalhar muito. Hoje em dia, quem trabalha pouco raramente faz sucesso. Claro que trabalhar muito não representa, necessariamente, passar dezoito horas na empresa, ou pensando nos negócios até na hora de fazer amor.

> **O QUE TRAZ MAIS RESULTADOS É VOCÊ CONSEGUIR FAZER MAIS COM MENOS, E NÃO APENAS TRABALHAR BASTANTE.**

Também garanto que o problema não é você ser altamente comprometido com o que você faz. Qualquer um que queira ter chance de sucesso no mundo dos negócios, seja como funcionário ou dono de uma empresa, vai precisar ser muito comprometido com o que faz.

Você pode pensar que o problema seja a empresa na qual trabalha. Isso tem um fundo de verdade. Pode ser que a empresa não ofereça, agora, oportunidades para você se realizar profissionalmente. Mas, mesmo assim, é nesse lugar que você precisa começar a mostrar sua força de vontade e competência para ser alguém na vida. Mesmo no lugar errado, muita gente é capaz de criar resultados que ninguém esperava.

A raiz dos problemas, como já vimos, é a mente perdedo-

MENTE DE VENCEDOR

ra. São verdades erradas que a pessoa carrega. Essa mente perdedora, essas verdades, impedem-na de criar o que chamo de casca grossa, que é a camada que a protegeria em momentos difíceis, fazendo-a ter atitudes para seguir em frente em vez de retroceder. Essa mente perdedora impossibilita que a pessoa repense suas crenças, que destrua as verdades erradas, justamente, o que a faria dar saltos gigantescos em relação aos resultados que procura.

Quem tem como verdade que nasceu para ser pobre, por exemplo, pode até lutar par ser rico, mas vai trabalhar a vida toda para provar que estava certo em relação à pobreza... e, infelizmente, vai conseguir provas suficientes.

Quem tem uma mente vencedora sabe que, hoje, uma das coisas mais importantes para se ter o sucesso que busca é desaprender, desconstruir conhecimentos, verdades e regras. Não significa ser uma pessoa sem limites, como o filho que não respeita os pais, que não segue regra alguma. Quer dizer, apenas, que é preciso, na maioria das vezes, criar novas regras, novos caminhos, desconstruindo velhos hábitos, para construir novos comportamentos e obter novos resultados.

Faz sentido para você, então, eu dizer que não adianta apenas trabalhar bastante para ter sucesso?

Como destruir a mente perdedora?

Há pessoas que não aceitaram as verdades mentirosas que foram contadas a elas. Perceberam que a base das regras, dos hábitos, das ideias, deveria sofrer uma desconstrução mental, para dar lugar a novas bases.

Apesar de todos os cenários negativos, de tudo estar jogando contra, da infância pobre, da aparente impotência, das dificuldades profissionais, ou diante de qualquer conselho desanimador que ouviram, elas desconstruíram os blocos mentais negativos e mudaram seu destino.

PROF. PAULO SÉRGIO BUHRER

Quando foi dito a elas que o quadro de suas vidas seria um inferno, resolveram mudar a tela e pintaram um paraíso.

Elas não se contentaram, não se conformaram em pegar ônibus para ir ao trabalho a vida toda, muito menos com o pouco que a vida oferecia. Elas foram à luta, e tudo começou quando descobriram que as verdades que tinham aprendido eram mentiras, e então começaram a vencer na vida. Surpreenderam o mundo indo muito além do que se esperava delas.

Enquanto viveram, talvez, na mais absoluta pobreza, procuraram o tempo todo a felicidade, mas sabiam que poderiam ser mais felizes melhorando de vida, e, assim, ajudando a melhorar a vida de muita gente também.

Você pode fazer o mesmo, e o primeiro passo é acreditar que é maior do que pensa agora, que não interessa de onde você veio nem onde você está. O que importa é para onde sua mente acredita que pode ir, e o que você está fazendo para chegar a esse lugar. É preciso ter convicção de que você também pode pintar um paraíso e viver nele. Tem de acreditar em você, e fechar os olhos, ouvidos, e a sua mente para quem bloqueia essa sua nova crença interior poderosa.

> NUNCA DUVIDE DE VOCÊ, POIS JÁ VAI TER GENTE O SUFICIENTE PARA FAZER ISSO. NÃO SEJA MAIS UM.

Assim você começa a destruir a mente perdedora, que quer impedi-lo de ter e ser o melhor que pode. Essa mudança começa em você, na sua mente, e não na mente do seu chefe, dos seus pais ou de quem quer que seja. As pessoas são importantes nesse processo de mudança mental, mas é você quem tem de pôr a chave na ignição mental, dar a partida e enfiar o pé no acelerador.

 MENTE DE VENCEDOR

Depois que fizer isso, passe a prestar atenção nas pessoas que incentivam você, e desacredite daquelas que querem empurrá-lo ladeira abaixo. Dê uma chance para quem vive apostando em você e aposte também. Aqueles que querem jogá-lo para baixo, saia de lado e deixe que vivam como preferirem. Se puder ajude, mas não deixe que atrapalhem sua caminhada.

Mesmo que já tenha tido diversos problemas até agora, por estar vivendo em função de verdades erradas que aprendeu, aproveite para tirar aprendizado disso tudo. No mínimo, já passou pelo que muitos ainda terão de passar para chegar aonde você chegou.

Para quebrar essa corrente do mal que pode ter se instalado na sua vida, comece fazendo uma única pergunta para todas as verdades que você tem na sua cabeça: "Essa verdade me leva para cima ou me empurra para baixo?"

Diante da resposta, você vai descobrir se ela é uma verdade errada ou uma verdade certa. Depois é só escolher as certas e descartar de uma vez por todas as erradas.

A vida sempre nos dá opções, e todos os dias você vai receber dois convites da sua mente. Um para ir mais devagar, se acomodando e se conformando, até ser convencido de que o melhor a fazer é desistir dos seus sonhos; e outro convite, para continuar com eles. É você quem decide, ninguém mais. Por mais que as pessoas torçam, é você o maior responsável pela escolha que vai fazer diante dessas opções. A vida é um jogo. Você decide se assiste da arquibancada ou se entra em campo para jogar.

Eu sei que a vida já deve ter lhe dado muitos tapas na cara. Alguns deles foram como aquele golpe de MMA perfeito, em que o lutador cai completamente apagado, e o juiz para a luta.

Porém, o que você talvez não percebeu é que depois do nocaute pode se levantar, como o lutador que já desafia o

PROF. PAULO SÉRGIO BUHRER

adversário para outra luta. Quem sabe não tenha notado que todos têm o direito de cair... e de levantar também!

A vida é responsável por levá-lo ao chão. As pessoas, inclusive, muito próximas, vão decepcionar você. As empresas nas quais trabalhar não vão cumprir tudo o que prometeram. Alguém vai trair sua confiança, e inevitavelmente muitas pessoas o deixarão triste e meio perdido, desanimado, fraco. Tudo isso o fará pensar que a vida é difícil demais, e que o melhor é não criar tantas expectativas, e talvez até faça você querer desistir dos seus projetos. E aquelas verdades erradas que aprendeu podem começar a fazer sentido, deixando-o ainda mais debilitado.

A vida é uma eterna batalha entre parar e continuar, acreditar e duvidar, avançar e retroceder. Não tem outro jeito. O fardo pode estar pesado, as forças terminando, muita gente batendo e poucas defendendo. Os golpes são fortes.

Quem nunca teve dias assim levante a mão. Provavelmente você não levantou. Alguém levantaria? Claro que não.

No entanto, mesmo diante do caos que sua vida possa estar, criar uma mente vencedora e continuar é sempre a melhor decisão. Exige mais esforço, contudo, traz os melhores resultados. Continuar transforma o caos em ordem. Parar transforma ordem em caos. O que você prefere?

As circunstâncias da vida

Demorei um bom tempo para entender a frase que minha avó me dizia, quando eu tinha por volta de seis anos de idade, e vendia ferro-velho para comprar material escolar e doce de amendoim: "Paulinho, um dia esse ferro-velho que você vende vai virar ouro". Por um tempo, até achei que a pobre vovó estava ficando gagá.

Não me dei conta de que ela estava mudando a ve-

MENTE DE VENCEDOR

lha, e errada, verdade de que quem nasce pobre morre pobre. Enquanto todos enxergavam o ferro-velho, ela olhava o que estava mais profundo, a beleza, a essência, a verdade real, pois, para quem acredita, o ferro-velho pode se transformar em ouro.

Aprendi que a vida é mesmo a arte de transformar ferro-velho em ouro. Porque se, diante das dificuldades, você criar uma mente perdedora, ela transforma você num ferro-velho rapidinho.

Muita gente desiste rapidamente. Mesmo lutando e achando que fizeram tudo o que era possível, lá no fundo, sabem que não foi bem assim, que pararam frente a obstáculos que poderiam ser vencidos, e que só precisavam ser encarados com mais energia.

Talvez você tenha nascido numa família pobre e acredite que nem vale a pena tentar mudar esse cenário, porque seu destino está traçado, que riqueza é fruto da sorte, e na sua vida a sorte anda bem longe. Todavia, me deixe dizer algo especial: Você tem o direito de realizar seus sonhos, de cultivar um jardim florido na sua mente, plantá-lo e torná-lo real.

Eu nasci numa família pobre, e só não fui mais pobre porque não quis, pois chances apareceram bastante! Mas não permiti que essa situação me perseguisse pelo resto da vida.

Situações difíceis são circunstâncias pelas quais todos nós passaremos, cedo ou tarde. A mente perdedora trava e se frustra quando algo assim acontece. A mente vencedora não fica presa nessas circunstâncias. Ela procura alternativas para superá-las, e sabe que uma frustração passageira pode ser o melhor combustível para uma realização mais contundente que a frustração.

PROF. PAULO SÉRGIO BUHRER

Claro que eu sei que algumas frustrações judiam muito da gente. Já pensei várias vezes em desistir de tudo. Minha mente acessou o lado negativo, perdedor, que todo ser humano tem. Também imaginei que o mundo estava contra mim, e que sorte, felicidade e dinheiro eram coisas para todas as pessoas, menos para mim. Muitas pessoas tentaram me fazer desistir, inclusive pessoas íntimas. Algumas por amor, proteção, por instinto, e no intuito de não deixar a vida me machucar tanto. Outras, por pura maldade, duvidavam e zombavam quando eu dizia, ainda pequeno, que seria alguém na vida. Talvez isso já tenha acontecido, ou esteja acontecendo, com você.

Cresci até certo ponto carregando um pacote negativo, cheio de raiva, ódio e mágoas dessas pessoas. Porém, um dia, percebi que tudo o que diziam poderia servir tanto para matar meus sonhos como para alimentá-los. Só dependeria de como eu transformaria isso tudo. Se em convicções paralisantes, de que realmente teria um destino cruel e amargo ou em certezas estimulantes, de que pintaria meu paraíso para viver nele.

Optei por pensar da segunda maneira e deixei o pacote negativo com quem o tinha me dado de presente. Carregar esse pacote me faria construir a mente perdedora, o que me impediria de realizar minhas metas e de ir muito além delas.

Já sofri indiferença, humilhação, já perdi o emprego, fali, amigos me traíram, fali de novo, relacionamentos me fizeram muito mal, e o diagnóstico de doenças me deixaram amargo e com muito medo. Como disse, mantive pensamentos de que o melhor mesmo seria desistir e ver no que dava, porque pior não poderia ficar. O problema é que toda vez que eu desistia de algo em que deveria persistir, via que as coisas poderiam piorar, sim. Isso já aconteceu com você? Você jurava que algo não poderia piorar,

MENTE DE VENCEDOR

mas piorou? Geralmente isso ocorre quando ficamos esperando para ver o que acontece.

Quem sabe você esteja numa situação, a seu ver, sem saída. E quando alguém lhe diz que sempre há uma luz no fim do túnel, é capaz de jurar que deve ser um caminhão vindo para atropelar você, mas, mesmo assim, eu insisto em dizer que você tem o direito de continuar.

Reconheça que perder tem muitos significados. Contudo, o pior deles é se acostumar a perder, encolhendo-se, com medo de novos desafios, quando o que deveria fazer era, em vez de se encolher, se espichar ainda mais.

> NADA DE GRANDIOSO NA SUA VIDA SERÁ CONQUISTADO SEM UM POUCO DE MEDO. CORAGEM NÃO É NÃO TER MEDOS, É ENFRENTÁ-LOS.

Quando você não desiste dos seus sonhos e objetivos, mesmo com medo, a vida também não desiste de ajudar você a realizá-los, e a ir muito além do que imagina.

Você atrai para sua vida aquilo que mais quer, e também aquilo que mais tem medo. Quando seus medos são maiores do que a energia que você tem para conquistar o que quer, terá imensa dificuldade em ser um vencedor. Mas quando você aprende a gerenciar seus medos e a potencializar a energia para conquistar o que você quer, suas chances de vitória são enormes.

Criei cinco passos para você ter uma mente vencedora, e ser a pessoa com o destaque que merece, capaz de enfrentar todos os seus medos. Ser aquela pessoa que segue em frente, aconteça o que acontecer.

Cada vez que concluir um dos passos, estará derrubando uma parede, uma verdade errada que, talvez, tenha impedido você de chegar cada vez mais perto de tudo o que quer para a sua vida, e para a vida das pessoas que ama.

Acredite: você está onde merece estar, tem o que merece ter, e chegará onde merece chegar. Não há culpados nem vítimas. Há dois caminhos apenas: ter uma mente perdedora e chegar ao fracasso rapidamente, ou ter uma mente vencedora, superar os fracassos até se encontrar com o sucesso. Você escolhe.

> SE VOCÊ NÃO ESCOLHER O SUCESSO,
> O FRACASSO ESCOLHE VOCÊ.

Eu sei que você tem o direito de vencer na vida, escolhendo o árduo, mas gratificante caminho do sucesso e da felicidade.

Então, aperte os cintos, porque a estrada é esburacada, mas, para quem constrói uma mente vencedora, a paisagem e o destino são deslumbrantes.

 MENTE DE VENCEDOR

CAPÍTULO 1
PENSAMENTO POSITIVO

> NINGUÉM PODE TIRAR SUA FORMA POSITIVA DE VER A VIDA. SÓ SE VOCÊ PERMITIR.

Se só pensar positivo fosse suficiente, bastava você ficar em casa recitando um mantra positivo e seus problemas estariam resolvidos, e seus desejos atendidos.

Porém, graças a Deus, não é assim. O Gênio da Lâmpada existe apenas na ficção. Para que o pensamento positivo traga os resultados que projetamos na mente, precisamos agir.

É preciso ação, mas tudo começa com uma mudança nos seus pensamentos.

A lei do pensamento funciona tanto para o que você mais quer como também para o que você menos quer. Na realidade, irá depender da energia, do foco, que você vai canalizar. Você atrai para si ambas as coisas: positivas e negativas, e tudo tem início com o foco dos seus pensamentos.

Se você emanar energia (pensamentos), por exemplo, com medo de perder o emprego, e focar muito nesse medo, a tendência é a de que você perca o emprego. Por que isso acontece? Pelo fato de que, quem pensa que vai perder o emprego, pode começar a sabotar-se na empresa, fazendo menos do que deveria, não se comprometendo com os resultados, afinal, como pensa que vai ser demitido, também pensa: "Por que vou me dedicar se serei dispensado?" E então, pelo seu comportamento desregrado, será demitido, e tudo começou com sua forma errada de pensar.

Se você é vendedor, por exemplo, e está diante de uma grande negociação com um cliente, porém, se o medo de que tudo saia errado falar mais alto, e for carregado, energizado, você irá criar uma atmosfera negativa no momento do atendimento, da negociação, atraindo a não venda. Qualquer objeção feita pelo cliente já faz você concluir que estava certo em relação ao seu pensamento de que ele não compraria. No final, a venda não acontece e você confirma o que havia pensado.

Enfim, atraímos aquilo que mais queremos, porém, também, aquilo de que mais temos medo que aconteça, ou seja, o que não queremos.

Por isso, o primeiro passo para você construir uma mente vencedora é pensar positivo. Por mais que só isso não faça de você um vencedor, pensar negativamente o faz um perdedor.

> SÓ PENSAR POSITIVO NÃO FAZ DE VOCÊ UM VENCEDOR. MAS SÓ PENSAR NEGATIVO FAZ DE VOCÊ UM PERDEDOR.

A má qualidade nos pensamentos acontece porque as pessoas estão muito mais preocupadas com o corpo físico do que com o corpo mental.

MENTE DE VENCEDOR

Hoje, pelo alto valor dado pela mídia à beleza física, as pessoas aumentaram, e muito, o cuidado com a estética corporal. Elas vão a academias, fazem cirurgias plásticas, tudo para se sentirem bonitas. É importante, porém, se elas não cuidarem da qualidade dos seus pensamentos, se não exercitarem a mente, infelizmente, podem perder a saúde mental para aproveitar a beleza exterior que conquistaram.

Há milhões de pessoas, neste momento, exercitando o corpo. Outros milhões estão em salas de cirurgias, mudando alguma parte do corpo da qual não gostam tanto. Há, ainda, bilhões delas estressadas, apavoradas, ansiosas, deprimidas, mesmo com um corpo escultural. O problema não é o zelo pela beleza física, mas, sim, a falta de cuidado com a qualidade dos pensamentos que elas têm diariamente.

Por isso, é vital aprender a pensar positivo, e a cuidar também, e talvez mais, do "corpo mental" do que do corpo físico. Muitas pessoas estão destruindo seus projetos de vida, porque se esqueceram de que a mente, os pensamentos, tem papel essencial na realização desses projetos.

Quem quer, por exemplo, montar uma academia de musculação, precisa aprender a controlar mais seus pensamentos do que os aparelhos e máquinas que pretende utilizar nos treinamentos. Se não fizer isso, vai acabar tratando mal seus colaboradores e clientes, e seu desequilíbrio trará péssimos resultados ao seu negócio. Por mais que se apresente "sarado" corporalmente, será franzino mentalmente, e sua baixa qualidade mental vai fazer sua academia quebrar.

As princesas e príncipes do mundo encantado, hoje, deveriam mudar a célebre pergunta: "Espelho, espelho meu, existe alguém mais bela (o) do que eu?", para "Espelho, espelho meu, existe alguém com mais pensamentos positivos do que eu?".

PROF. PAULO SÉRGIO BUHRER

Meninas e meninos, jovens e quem já não é mais tão jovem em idade física, estão deixando de lado o cuidado com o que armazenam em sua mente, por meio dos pensamentos. Quem cuida da qualidade mental pode ter muitos anos de vida, porém será sempre jovem quando o assunto for pensar positivo e focar numa perspectiva otimista da vida.

Um poeta americano, chamado Henry Wadsworth Longfellow, disse, certa vez, que "a juventude só ocorre uma vez na vida". Mal sabia ele que, na realidade, para quem mantém pensamentos positivos e uma visão otimista da existência, a juventude se renova sempre. Com os avanços científicos, já temos, e teremos ainda mais, condições de viver muitos anos. Porém, precisamos saber viver bem, aprendendo a gerenciar nossos pensamentos, para que não tenhamos de passar muitos anos com problemas como ansiedade e depressão.

A saúde mental começa pelos pensamentos. Por essa óptica, é essencial você procurar selecionar aqueles que vão permanecer na sua mente. O pensamento positivo, e a capacidade de enxergar nos acontecimentos negativos, alguma forma de evoluir, aprender, muda toda sua estrutura de conexões cerebrais, o que, por conseguinte, fará uma mudança tremenda na maneira como você se comporta diante do que acontece com você, e daquilo que você faz acontecer, modificando sua forma de responder a esses acontecimentos.

A única maneira de mudar seu status mental de pensamentos negativos para pensamentos positivos é exercitando, diariamente, sua forma de pensar. O padrão de enxergar a vida pela via negativa só é quebrado quando você muda o foco para vê-la pela óptica positiva. Se não mudar esse padrão, novos pensamentos, novas ideias, uma visão otimista, serão sempre bloqueados pelo padrão negativo.

MENTE DE VENCEDOR

Um estudo realizado por cientistas, em Winnipeg, Canadá, mostrou que se uma pessoa está com dor e se concentrar nessa dor, a tendência é que a dor aumente. Porém, com base no estudo, se ela focar sua atenção para outra situação, por exemplo, contar quantos carros estão passando na rua, o cérebro desvia o foco da dor, por não ter recursos suficientes para atender mais de um foco, e a dor diminui.

Reformular os acontecimentos negativos, procurando mesmo que seja uma faísca positiva, pode dar início a um incêndio de novas conexões cerebrais, que farão com que suas atitudes e seus resultados se transformem, pois o foco mental será transferido para uma visão positiva, diminuindo a negativa, assim como acontece com a dor.

A mudança na rede neural de conexões desses padrões de pensamentos é tão importante que há estudos que deixam claro nossa memória celular. Ou seja, nossas células são capazes de armazenar dados por toda a nossa vida. Além disso, é possível crer, também, que por transferência genética recebamos conexões neurais de nossos pais, avós, etc. A física quântica, há tempos, vem comprovando essas informações. Terapeutas que a aplicam, e tantos outros profissionais, conseguem resultados incríveis quando fazem com que seus pacientes mudem o padrão de pensamentos negativos. Algumas técnicas, por exemplo, como a de perdoar as pessoas do seu passado, ainda que não se recorde conscientemente de nada que elas tenham feito, traz muita paz para pessoas ansiosas, e algumas em estado de depressão sentem-se livres para recomeçar a vida.

Se você quer uma mudança de comportamento, terá de começar mudando seus pensamentos, quebrando o padrão de conexões que está petrificado em sua mente. Comece a ressignificar sua forma de ver aquilo que aconteceu

PROF. PAULO SÉRGIO BUHRER

e acontece com você, procurando sempre uma maneira de evoluir com isso, e não criar mais redes negativas de conexões em sua mente. Pode ser difícil encontrar essa ressignificação, mas só ela é capaz de fazer com que você escreva uma história de sucesso.

O pensamento positivo abre o leque das possibilidades, não o deixando travar na hora em que algo desagradável acontece. Em vez de ficar paralisado, sua mente procura alternativas para solucionar o mais rápido, e da melhor maneira possível, o problema, a adversidade. Quando você aprende a usar o novo padrão de pensamento, sua mente faz uma varredura em todas as conexões cerebrais para encontrar pontos positivos para resolver a situação. É como se fosse uma busca em um site pelo melhor preço, onde são apresentadas várias opções. A mente vencedora faz a mesma coisa, ou seja, apresenta muitas opções de como solucionar o mesmo problema.

Essa busca, com qualidade, por soluções só acontece na mente de quem consegue dar maior intensidade de pensamentos positivos que negativos diante dos episódios da vida.

Por isso, é preciso aprender a viver com muita energia o lado bom da vida. Pessoas que valorizam demais o que acontece de forma negativa sofrem mais e têm mais dificuldades para destravar a mente em momentos difíceis. Aquelas que valorizam menos os capítulos negativos, procurando vê-los por um ângulo menos traumático, e somam a isso uma intensidade maior na forma de perceber nesses episódios algo positivo, estão propícias a criar uma mente vencedora.

Quando algo ruim acontece é a maneira que você vai viver esse momento que registrará na sua mente a forma positiva ou negativa.

Pensar positivo melhora sua vida, e isso é a própria

MENTE DE VENCEDOR

ciência quem diz. Um estudo da Universidade de Duke, nos Estados Unidos, constatou que pensamentos negativos geram sintomas como ansiedade, depressão, estresse, taquicardia. E, contrariamente, os pensamentos e emoções positivas afastam esses sintomas.

Por esta óptica, uma pessoa que mantém pensamentos positivos, tem muito mais chances de se sair bem, por exemplo, num teste em uma entrevista de emprego, pois a ansiedade não controlada gera deficiência de memória, atrapalha o raciocínio, prejudicando o candidato na hora de fazer os testes.

Na realidade, em qualquer cenário empresarial, profissional, pensar negativo, do ponto de vista da pesquisa realizada, é prejudicial, pois ansiedade, estresse e descontrole emocional nunca trazem resultados positivos. Fisicamente, é perceptível que a imunidade das pessoas que focam sempre o lado negativos das coisas é prejudicada.

A oração, em tese, nada mais é do que pensar positivo. É crer que cenários ruins se tornarão bons por meio de uma prece. Que aquilo que desejamos virará realidade. E, novamente, a ciência tem comprovado o poder da oração (pensamento positivo) na recuperação de pacientes.

Uma pesquisa realizada pela Universidade de Brasília demonstrou que nos pacientes que receberam orações de rezadeiras (estimuladas pela pesquisa a orarem diariamente por pacientes, dos quais elas receberam fotografias e os nomes), a fagocitose (processo de defesa das células do sangue que detecta corpos estranhos para combatê-los) se manteve estável, equilibrada. Para os médicos pesquisadores, isso deixou claro o poder da oração (pensar positivo), visto que nos demais pacientes que não receberam a oração, a fagocitose aumentou ou diminuiu, o que, em ambos os casos, pode trazer complicações aos pacientes, como infecções.

PROF. PAULO SÉRGIO BUHRER

Já em outro estudo, a Universidade de Toronto mostrou que pessoas que veem a vida por um ângulo positivo, realmente, enxergam melhor.

Para alcançar essa comprovação, os pesquisadores mostravam para voluntários algumas imagens capazes de despertar diferentes percepções. Enquanto as imagens eram exibidas, as atividades cerebrais estavam sendo analisadas em um exame de ressonância magnética. As imagens exibidas eram espécies de mosaicos, formados por um rosto humano no centro e cercada de imagens menores, que faziam referência a locais (como uma casa, por exemplo). Para forçar as pessoas a olharem para o centro da imagem, uma tarefa era dada a elas: identificar se o rosto na folha era masculino ou feminino.

O estudo constatou que pessoas com tendência a ver o mundo pelo lado negativo, não enxergavam as imagens do plano de fundo, que cercavam a face humana. Entretanto, quando a mesma imagem era exibida, e as pessoas eram estimuladas a pensar positivo, a sorrir, melhorava o humor, a pessoa reconhecia todos os detalhes, em segundo plano da figura.

O responsável-chefe pela pesquisa, Taylor Schmitz, declarou que o "Bom humor, ver a vida pelo lado positivo, aumenta, literalmente, o tamanho da janela pela qual enxergamos o mundo. A parte boa disso é que podemos ver tudo de uma perspectiva mais global e integrativa". Quem tem uma visão global e integrativa dos acontecimentos, certamente terá mais resultados do que quem não tem essa capacidade.

O pensamento positivo é tão importante e comprovado também pela ciência por meio do efeito placebo. Ou seja, uma pessoa recebe um medicamento real para determinado sintoma ou doença que tem, e sua melhora é visível. Já outra recebe o placebo, que é um comprimido, mas sem

MENTE DE VENCEDOR

qualquer efeito, porém ela também melhora, quando é estimulada a acreditar que o medicamento é poderoso para curar seus sintomas ou doença.

Isso está comprovado em uma pesquisa realizada pela Universidade de Michigan, nos Estados Unidos, em que cinquenta voluntários foram testados com placebo e medicamentos reais, revelando que as pessoas com foco em ideias e pensamentos negativos tiveram menos resultado do que as otimistas, e com uma visão positiva da vida.

Outro efeito que comprova o poder dos pensamentos, mas pela via negativa, é o efeito nocebo, no qual a pessoa passa a apresentar sintomas de alguma doença ou medicamento, pelo fato de acreditar que o medicamento causa aquela sensação, embora o que ela esteja tomando seja uma cápsula com qualquer ingrediente sem nenhum efeito.

Porém, esqueça a ciência, já que talvez esses testes sejam difíceis de entender. Faça seus próprios testes, em casa, no trabalho. Por exemplo: digamos que você está desempregado há meses. Comece então a pensar positivo. Foque no pensamento de que vai arranjar um emprego na próxima tentativa. Imagine-se sendo contratado na próxima entrevista. Sinta essa felicidade na sua mente. Qual será sua energia ao sair para procurar um emprego? É muito provável que saia otimista, e que se apresente de maneira agradável e competente diante do entrevistador.

Agora, no mesmo caso, foque em ideias e pensamentos negativos. Diga a você mesmo que não dará certo, de que será mais uma tentativa frustrada. Imagine-se nem sendo recebido pela diretoria de recursos humanos da empresa, ou pior, sendo humilhado numa dinâmica de grupo. Não é preciso ciência para comprovar que sua energia será baixa neste segundo caso. Quem sabe, deci-

PROF. PAULO SÉRGIO BUHRER

da nem sair à procura de emprego, pois seus pensamentos abortivos o convencerão de que não vai dar certo.

Quanto mais positivo você se acostumar a pensar, mais meios de resolver as coisas encontrará. Com isso, seu otimismo aumenta. Além de ajudar a si mesmo, esse otimismo o torna uma pessoa altamente imprescindível no mundo corporativo. Ser otimista, num mercado tão competitivo e que pressiona o tempo todo para baixo o entusiasmo das pessoas, pode ser a grande diferença entre decolar ou regredir na carreira.

Quem tem pensamentos positivos vive entusiasmado pela vida, e mesmo sabendo que eventos desagradáveis, frustrantes e decepcionantes vão acontecer, não para com seus projetos em razão disso.

Pensar positivo é o começo da evolução, da solução. Você ganha energia para melhorar a sua vida, e a vida de quem está à sua volta.

Previsões negativas

"Mas como manter uma visão positiva diante do caos, Paulo?", é o que mais ouço.

A resposta é que você tem de manter essa visão, esses pensamentos positivos, justamente porque isso será um diferencial competitivo no mundo dos negócios, além de trazer mais serenidade e qualidade para sua vida pessoal.

Geralmente, em meio ao caos negativo que se instala, seja por meio de notícias da tevê, rádio, jornais, e pelas pessoas que nos cercam, a melhor coisa a fazer é se fingir de surdo.

Uma cena engraçada que vivi quando era mais jovem, foi quando um senhor passava em frente a casa onde morávamos. Ele passou segurando um cachorrinho muito fofo pela coleira. Minha esposa ficou encantada com o cachorro e me pediu para chamar o senhor para ver se ele o vendia

MENTE DE VENCEDOR

para nós. Chamei uma, duas, três vezes, e ele nem me olhou. Então gritei: "Ô, ô, está surdo?". Novamente, nenhuma resposta ou um olhar sequer. Fiquei pasmo e corri em direção àquele senhor, para saber por que me ignorava. Quando me aproximei e toquei em seu ombro, ele me olhou e fez um sinal em libras. Ele realmente era surdo.

Ele não ouviu nada do que lhe falei. Se ele ouvisse e estivesse me ignorando, talvez, quando gritei com ele, eu tivesse arranjado uma briga, uma situação desagradável.

Por isso digo que, às vezes, o melhor é se fingir de surdo.

São previsões catastróficas de que o Brasil e o mundo estão em recessão, que o crescimento no ano será ínfimo, que o crédito e os investimentos serão reduzidos, e mais e mais notícias que causam medo. Previsões que, em vez de estimular, são capazes de fazer qualquer um desistir dos projetos que tinha. São as previsões tatu, como gosto de chamar: elas fazem você pensar que não vale a pena se esforçar, pois irá cada vez mais para o buraco.

Mas não funciona assim. Quanto menos esforço em combatê-las, mais as previsões negativas se confirmam. E quanto mais você se empenha, menos elas se realizam. Esse é o ciclo.

Percebo o quanto as pessoas direcionam sua mente de maneira negativa quando ouço alguns discursos. Se pensarmos em tudo que pode dar errado, o mais provável é que não tenhamos coragem nem de sair de casa.

Há médicos, por exemplo, que "matam" os pacientes antes de realizarem qualquer procedimento. Eles dizem: "Esse procedimento tem 99% de chance de dar errado". Não é uma conversa necessária, já que todos nós sabemos que qualquer procedimento médico tem seus riscos. Mas quando você ouve que tem 99% de chance de dar errado, o lado perdedor da mente é acionado imediatamente.

PROF. PAULO SÉRGIO BUHRER

Se eles dissessem, com bastante entusiasmo: "Mesmo se tiver apenas 1% de chance, vou fazer o meu melhor para correr tudo bem, e quero que pense positivamente também, porque isso ajuda muito", certamente teriam muito mais sucesso nos seus procedimentos. Existe uma grande diferença entre ouvir que você está sendo submetido a uma cirurgia que tem 99% de chance de dar errado e saber que precisa pensar positivo, porque isso ajuda no resultado final. É o foco que estará concentrado na desgraça ou no sucesso.

Quem administra uma empresa, não pode estar focado numa visão negativa. Tem de manter uma descrença das previsões. Sabe por quê? Porque enquanto os especialistas, cientistas, estão dizendo que a crise se instala, sempre tem alguém aproveitando as oportunidades. Se você for líder, gerente, empresário, sabe que toda a sua equipe é um retrato da sua postura, do seu discurso. Se quem lidera está sem energia, com medo, cheio de dúvidas, é evidente que a equipe estará igual. E aí a empresa quebra, o que, provavelmente, não aconteceria se a liderança mantivesse uma visão positiva, focada em soluções e não em supervalorizar os problemas e subestimar a capacidade das pessoas.

Ser responsável por equipes ou, simplesmente, cuidar da própria carreira requer várias vezes muito ceticismo em relação às notícias ruins. Não adianta você ser um craque em planejamento, conhecer todas as teorias gerenciais, estudar vendas, porém manter uma mente focada em pensamentos negativos, em virtude da crise anunciada que quase nunca é do tamanho que divulgam.

Às vezes, é necessário ser como um paciente que se recusa a aceitar o diagnóstico do médico, que disse que, segundo os exames, tem seis meses de vida. A maioria das pessoas, infelizmente, aceita passivamente o diagnóstico,

MENTE DE VENCEDOR

esquecendo-se do poder da fé, dos pensamentos positivos. São esses pensamentos que podem dar início à mudança de comportamentos e hábitos, que criarão os "milagres" esperados. E isso não vale apenas quando o assunto é a saúde, mas também para o mundo corporativo. É a capacidade de pensar positivo que dá início à solução de muitos problemas na sua carreira, liderança, negócio.

> QUEM ACEITA A SENTENÇA NEGATIVA DO MÉDICO OU DOS ECONOMISTAS, VIVE MENOS. QUEM FOCA NO PENSAMENTO POSITIVO, NA CURA, COM FREQUÊNCIA SURPREENDE OS ESPECIALISTAS.

Enquanto as previsões apontam um crescimento de 2,3%, há empresas crescendo 40% ao ano. Enquanto a média salarial é de menos de 2 mil reais ao mês, há pessoas fazendo fortuna, treinando quem ganha menos de dois mil reais, para aprender a ganhar mais de dois mil reais.

Sempre costumo me fingir de surdo quando as previsões são negativas, seja nos negócios ou na vida pessoal. Sei que enquanto alguém está discursando na tevê, que mais de 50% das empresas fecham em menos de dois anos, há os outros 50% que superaram essa fase, e que seus donos estão ficando ricos. E uma das razões é o fato de serem céticos a previsões negativas.

Certamente você conhece a história abaixo:

Certa vez um senhor do interior, com uma pequena mercearia, ia muito bem com seus negócios há mais de vinte anos. O sonho daquele senhor era formar o filho numa faculdade, e conseguiu. À custa do seu esforço, da venda de frutas, verduras, mel, leite, etc., pagou a faculdade e a estadia do filho na cidade grande. Logo que terminou a faculdade, o menino começou a prestar atenção às notícias na tevê de que o país entraria numa série de problemas econômicos, e era melhor os empresários começarem a cortar custos, reduzir gastos, porque a crise seria séria. Imediatamente ele ligou para o pai, avisando sobre o fato.

PROF. PAULO SÉRGIO BUHRER

O pai cortou a verba de propaganda e demitiu dois funcionários, e ligou para o filho para saber quais eram as novidades. O filho informou ao pai que ele deveria cortar ainda mais gastos, porque tudo estava piorando. O pai então reduziu o mix de produtos, e não oferecia mais nem sacolinhas para os clientes levarem as mercadorias. Ligou novamente para o filho, pois estava profundamente assustado com a gravidade da situação. Infelizmente o filho avisou que ele deveria dar um corte gigante nos gastos, senão, teria maiores problemas. O pai demitiu quase todos os colaboradores, ficando apenas com um funcionário, reduziu o tamanho da mercearia e ficou apenas com cinco ou seis itens na loja. Passados seis meses, a empresa quebrou, e o pai liga para o filho e diz: "Filho, você tinha razão, nossa loja quebrou, estamos falidos. Quem parece não ter sido atingido foi o Pedro, aqui da barraca da frente, que aumentou a loja, contratou meus colaboradores, e vende tudo o que eu não vendo mais". E o filho responde: "Que pena, pai, acabei de ouvir que todas aquelas notícias eram apenas boatos".

Você tem mais chances de ter sucesso como empresário, gerente, administrador, colaborador se limpar sua mente de pensamentos negativos. Sua mente deve estar focalizada em entender que as coisas dão certo para quem trabalha firme, com inteligência e aproveitando oportunidades.

> **ENQUANTO TODO MUNDO ESTÁ DIMINUINDO O MIX, CORTANDO FUNCIONÁRIOS E AS SACOLINHAS, VOCÊ ENTREGA MAIS DO QUE O COMBINADO E AUMENTA SUAS VENDAS E SEU LUCRO.**

Você já percebeu como muitas pessoas adoram que as coisas deem errado, só para poder dizer que estavam certas? É aquela pessoa que diz: "Meu chefe nunca vai me promover". E aí o chefe promove outra pessoa, e ela, com muita satisfação, fala: "Eu não disse, eu sabia que não seria promovida".

Ou aquela que fala: "Honesto não tem vez, ninguém é bem-sucedido nesse país sendo honesto". Então ela vê todo mundo desonesto se dando bem financeiramente, e fala:

MENTE DE VENCEDOR

"Eu vivo dizendo isso, olha aí, é desonesto e rico", sem notar quanta gente de bem e honesta está ficando milionária.

Há ainda quem diga: "Casamento é complicado". E aí fala sorrindo quando tem alguma crise no casamento: "Eu disse que é complicado". Outros dizem: "Nasci pobre, e pobre não tem vez". E quanto mais pobre fica, parece que mais feliz a pessoa diz: "Eu sabia que estava certa".

> SÓ OS PENSAMENTOS POSITIVOS NÃO FAZEM DE VOCÊ UM VENCEDOR. MAS APENAS OS PENSAMENTOS NEGATIVOS SÃO CAPAZES DE FAZER DE VOCÊ UM PERDEDOR (preciso que grave isso).

Em relação aos pensamentos positivos, deveríamos ser iguais às crianças. Elas raramente pensam de forma negativa.

Certa vez fui visitar algumas pessoas doentes num hospital. Era na ala oncológica. Notei várias fisionomias. Mas, no setor infantil, a imensa maioria das crianças estava feliz e brincando. Mesmo as que estavam na cama, cheias de tubos, tinham um olhar doce e alegre.

Já no andar dos adultos foi ao contrário: a maioria estava triste, embora, algumas poucas desenhassem um leve sorriso enquanto conversavam comigo.

Conversei tanto com as crianças quanto com os adultos. Perguntei se pensavam em desistir da luta contra o câncer. Cem por cento das crianças me deram a certeza de que jamais desistiriam. Era nítida a valorização pela vida, e não pela possibilidade de morrer.

Elas não faziam qualquer comentário negativo sobre a doença, ou sobre o diagnóstico médico. Simplesmente estavam ali, e mesmo com picadas de agulha por todo o corpo se divertiam. Uma delas colocou, no pedestal do soro que tomava, um chapéu do Papai Noel, e disse que era um

PROF. PAULO SÉRGIO BUHRER

enfeite para esperar o verdadeiro Papai Noel vir visitá-la.

Mas, infelizmente, menos de 10% dos adultos me respondeu, com convicção, que continuaria a batalha. O foco deles estava em falar que o câncer era uma doença mortal, que raramente alguém sobrevive, e quem sobrevive e pensa estar curado, a doença logo ataca de novo. E o pior era que os parentes e amigos ajudavam-nas a se convencerem disso tudo, afirmando, com ênfase, que realmente o câncer era terrível, o maior vilão do planeta, uma doença terminal, e muito difícil de ser curado. Parecia um bando de urubus famintos por comida.

Então aprendi uma coisa incrível: que devemos manter certos comportamentos de criança pelo resto da vida, pois o modo como elas veem a vida, a parte boa e a parte ruim, é fantástico.

Elas não focam na doença, no problema. Elas simplesmente seguem o fluxo da vida, se divertindo, apesar das circunstâncias.

Outra vez, também no Natal, meu filho Vinícius teve uma leve desidratação, o que o fez ficar internado por uma semana. Como era Natal, comprei presentes para ele. Decidi também que levaria presentes para as crianças do andar de baixo, que eram atendidas pelo SUS. Liguei e verifiquei quantas crianças estavam internadas naquele dia, a idade, nome e o sexo de cada uma. Prontamente recebi as informações. Comprei presente para todas elas, e desci com meus dois filhos, inclusive o que estava internado, para entregar os presentes.

As crianças, mesmo que debilitadas, davam pulos de alegria. Rasgavam o pacote de presentes e deliravam com os brinquedos. Eu perguntava como estavam se sentindo, e elas respondiam que estavam muito felizes.

Porém, sabe o que seus pais que as acompanhavam diziam? Que a vida era um lixo, que o atendimento do

MENTE DE VENCEDOR

SUS era horrível. Uma mãe disse como era possível Deus fazer aquilo com ela, logo no Natal, a criança ficar doente, como se a culpa por sua filha de quatro anos estar cheia de manchas pelo corpo por falta de higiene (segundo o médico) fosse Dele.

Nós, adultos, temos muito que aprender com as crianças.

Alguns adultos, mesmo cheios de coisas, bens, dinheiro, são tristes, ficam bravos, se irritam, e guardam um pacote cheio de sentimentos ruins durante a vida, tornando-a tão pesada, mas tão pesada, que é exatamente esse pacote que os faz ter pensamentos negativos e desistir, pois fazem força à toa, gastam energia carregando dentro desse pacote ódios, mágoas, medos, raivas, que fica praticamente impossível não pensar de maneira negativa.

Se eu pudesse, seria criança sempre. Só que isso é impossível. É preciso crescer e ganhar responsabilidades. Afinal, ninguém vai trocar nossas fraldas e dar papinha pelo resto da vida.

O que você não pode perder é a garra, a alegria, a motivação, o desprendimento, e a capacidade de enxergar o lado positivo que as crianças têm.

Quando comecei a vender sorvetes, com seis anos de idade, o fazia com puro prazer, porque gostava de fazer aquilo. Além de sorvetes, vendia frutas, verduras, catava ferro-velho, e não via mal algum naquilo. Era meu passatempo predileto. A vida não era nada fácil. A vovó recebia uma aposentadoria de um salário mínimo. Era tudo o que tínhamos, fora o que eu conseguia juntar com minhas vendas. De alguma maneira, eu sabia que, talvez, não tivesse como estudar se não trabalhasse. Tinha de comprar material escolar, uniforme, e somente com a aposentadoria da vovó não seria possível.

Tenho plena convicção de que justamente por trabalhar desde cedo é que aprendi a valorizar o lado positivo do que

PROF. PAULO SÉRGIO BUHRER

acontece conosco. Para muitos, hoje, ver uma criança vendendo sorvetes, catando ferro-velho, é um absurdo. Porém, a gana por vencer, geralmente, nasce nesses momentos.

Eu sei que hoje, adulto, todas essas histórias da infância me deixaram só boas marcas. Ter de lutar pelo que eu queria desde a mais tenra idade me ajudou a construir uma mente vencedora, e me fez passar por problemas que, muitas pessoas, só vão enfrentar depois de adultas.

Você precisa da atitude das crianças, que mantêm uma visão de sempre querer ir mais longe. Elas correm mais riscos, mesmo já tendo sido orientadas de que algo é arriscado. Aliás, a palavra perigo parece um ímã para elas. É só alguém dizer que o fogo queima, que enquanto elas não queimarem a mão, não acreditam.

Se você mantiver a atitude de criança, essa capacidade de ver o lado positivo, e de não focar nos perigos, mas, sim, no prazer de fazer, somada às experiências que adquire em cada etapa da vida, será um adulto com uma capacidade enorme de construir uma mente vencedora, pois terá dado o primeiro passo nessa direção.

Os autores do livro Deixe seu cérebro em forma, Corinne L. Gediman, e Francis M. Crinella, destacam algumas perguntas interessante para saber se uma pessoa tem um lado jovem ainda vivo dentro dela. Vou incluir algumas também. Se você responder SIM para mais de duas perguntas abaixo, é muito provável que sua qualidade mental já não seja tão jovem, e a criança interna esteja cedendo lugar a uma pessoa ranzinza e rabugenta:

- A ideia de se deitar no chão da sala, para assistir TV lhe parece desconfortável?
- Você geme um pouco quando se agacha, e mais ainda para se levantar?

MENTE DE VENCEDOR

- Procura ir dormir na cama depois que seu par afetivo já está dormindo, para não "correr riscos sexuais"?
- Seus filhos estão estudando fatos históricos que você presenciou?
- A maior parte dos nomes em seu caderno de telefones começa com "Dr."?
- Sobra espaço em sua casa, mas falta espaço no armário de remédios?
- Não consegue mais brincar com as crianças, e diz que já está velho (a) demais?
- Apaga a luz, mais por motivos econômicos, e de irritação com a luz, do que por motivos românticos?
- O órgão que você mais exercita é a língua, falando da vida alheia?
- Sofre por antecipação, toda vez que recebe uma notícia desagradável?

E então, como se saiu?

Cuide da qualidade dos seus pensamentos. É por meio deles que você consegue mudar sua maneira de ver o mundo e o que acontece nele. São os pensamentos que determinarão sua qualidade de vida mental. Cuide do seu corpo, da sua beleza exterior, no entanto, nunca se esqueça de cuidar da saúde do seu "corpo mental".

CAPÍTULO 2
CRENÇAS ESTIMULANTES

> **PENSAMENTOS NEGATIVOS LEVAM A CRENÇAS PARALISANTES. PENSAMENTOS POSITIVOS LEVAM A CRENÇAS ESTIMULANTES.**

Você quer estímulo ou paralisia?

Qual é a soma e a intensidade dos seus pensamentos positivos e negativos? É esse resultado que transformará tudo aquilo que você pensa em suas crenças.

Muitas pessoas constroem crenças paralisantes. Além de manter pensamentos negativos, elas usam o que aprenderam, e sua história de vida, como uma forma de bloqueio e paralisia. À medida que pensam de forma errada, constroem crenças erradas, e vão se comportar da mesma forma também. Elas ficam em suas zonas de conforto, pensando sempre do mesmo modo, "dentro da mesma caixa", sem perceber o quanto pensar "fora da caixa" as ajudaria a ver novos horizontes.

PROF. PAULO SÉRGIO BUHRER

Há um padrão que chamo de crença de elefante.

Os elefantes adestrados acreditam que são fracos.

Você já percebeu que um elefante adestrado fica preso por um barbante tão fino, que arrebentaria com qualquer leve movimento desse animal?

Mas por que é que eles ficam presos e não se soltam?

Desde cedo, seus adestradores os prendem em cordas mais fortes, e os amarram em árvores ou qualquer outro objeto pesado. Os elefantinhos puxam, puxam, mas não conseguem arrebentar a corda e se soltar. Eles repetem essas tentativas por muitas e muitas vezes, até que um dia compreendem que não adianta mais tentar, pois não são capazes de se livrar dessa prisão.

Dessa forma, a crença do elefante está instalada. A partir daí, se você amarrar qualquer fio à perna do elefante, ele vai ficar paralisado e nem vai tentar se livrar.

Mas o que isso tem a ver conosco? Eu fico imaginando quantas crenças de elefantes nós temos. Quantas coisas não nos permitimos fazer, só pelo fato de termos tentado uma, duas, três vezes, e não ter dado certo.

Isso vale para nossa vida pessoal, profissional, espiritual. A crença de elefante se encaixa em qualquer área da nossa vida.

Precisamos destruir essas crenças de elefante que temos, ou vamos continuar presos em pequenos problemas, pelo simples fato de, em algum momento, não termos conseguido resolvê-los.

Assim como o elefante, que vai ficando mais forte, mas não se dá conta disso, pela crença que se instalou, nós também, mesmo muito mais fortes, continuamos aprisionados por velhas crenças.

O primeiro passo é romper as crenças de elefante que podem estar nos impedindo de realizar mudanças e projetos.

Falamos na introdução que sua mente vai acessar sempre as memórias que você mais usa. Suas memórias são as suas crenças. Ou seja, para mudar suas crenças e, consequentemente, sua forma de ver e fazer as coisas, precisa criar novas memórias, para que, aos poucos, as antigas entrem em desuso. Assim, as novas memórias passarão a ser ativadas com mais frequência. Os elefantes que se arriscam a se libertar das correntes um belo dia surpreendem seus domadores com uma força descomunal. Podemos fazer o mesmo.

Outro cenário interessante em relação às crenças é o caso das melancias quadradas.

Você sabia que, se colocar melancias, desde muito novas, em fase de crescimento, dentro de uma caixa quadrada, as melancias vão crescer quadradas? Pois é, o mesmo acontece comigo, com você.

Se não mudar sua forma de pensar, suas memórias mentais e o jeito de ver e fazer as coisas, irá acreditar que seu destino é viver num pequeno "quadrado", que é o mundo que você conhece.

Porém, agora você sabe que não precisa viver apenas nesse quadradinho que conhece. Seu mundo e você podem ter a forma que quiser. Só é preciso começar a fazer essa mudança de memórias, de crenças.

Uma pesquisa realizada nos Estados Unidos escolheu jovens que foram considerados superdotados depois de determinado teste. Esses jovens foram acompanhados por muitos anos, e colocados em meio aos melhores professores e orientadores, além de outros profissionais experts de diversas áreas. Ao fim da pesquisa, os pesquisadores revelaram aos jovens que eles não eram superdotados, e que a pesquisa consistia em medir o impacto do ambiente e da crença das pessoas. A grande maioria

PROF. PAULO SÉRGIO BUHRER

dos jovens melhorou em grande escala seu quociente de inteligência, o Q.I, além de ter se comportado como superdotados a maior parte do tempo.

É fundamental para o seu sucesso, o seu desenvolvimento, que ative novas memórias, crenças, que acredite num potencial ainda oculto. Ele existe, e só precisa de estímulos para ser ativado e liberado.

Você deve, também, ser seletivo nas suas companhias, pois elas estimulam ou não você a seguir com as mesmas ideias e crenças. Se as crenças forem erradas, e as companhias também, você perpetuará essas crenças, tornando-as cada vez piores. Se forem crenças erradas, mas as companhias certas, essas pessoas o farão refletir e mudar para melhor. Se você tiver crenças certas, mas estiver ao lado as companhias erradas, existe uma grande tendência de que seja conduzido pela maioria, ou seja, talvez desista das crenças certas, trocando-as pelas da maioria. Há quem diga que somos o reflexo de cinco a dez pessoas com quem convivemos com frequência ou admiramos. Deste modo, precisamos de uma criteriosa seleção, não é?

É trabalhoso mudar crenças, pois, como vimos, isso pode significar ter de mudar amizades, companhias, relacionamentos. Além disso, temos de mudar também aquilo que sabemos e aprendemos, pois isso pode estar destruindo nossa vida. Isso mesmo. Aquilo que você sabe pode estar destruindo sua vida, sua carreira, sua empresa. Não é aquilo que você "pensa que sabe".

O mundo muda, as coisas mudam, o jeito de fazer muda. Quem mantém crenças do tipo "no meu tempo era assim", ou "sempre fiz assim e deu certo", corre sérios riscos.

Conhecimento é igual verdura: perecível em pouco tempo. Mesmo bem armazenados, tanto a verdura quanto o conhecimento possuem prazo de validade curto.

MENTE DE VENCEDOR

É essencial que você se dê conta disso. Para que seu conhecimento continue tendo valor, ele precisa evoluir. Muitas vezes, ele deve ser completamente destruído, e depois reconstruído sob novas bases e ideias.

Por mais complicado que seja mudar aquilo que a gente sabe, os vencedores sabem que isso é importante. É cômodo ficar repetindo os mesmos procedimentos, tendo as mesmas ideias. Muita gente, infelizmente, mesmo notando que os resultados estão cada vez piores, insiste em manter a mesma crença em relação àquilo que sabe.

Os vendedores que não evoluíram, hoje praticamente estão falidos. Atuam em mercados milionários, como a de venda de imóveis e carros, porém não conseguem uma boa renda porque a maneira que vendiam não funciona mais, pois os clientes evoluíram, e eles não.

A razão é que continuam vendendo carros e imóveis como se vendia há décadas. Não perceberam que o cliente mudou, o modelo de compra e venda mudou. Há pouco tempo, carro 0 km e casa própria eram coisas de luxo, de gente rica. Agora, toda pessoa, com um mínimo de planejamento, pode comprar.

E até produtos sem grande valor comercial estão dando um verdadeiro sufoco nos vendedores antigos. Imagine um vendedor das antigas vendendo um tablet para um garoto ou garota de quatorze anos. O vendedor sabe os passos da venda, talvez até tenha estudado formas de atendimento e como encantar seus clientes. Porém, se vê em maus lençóis quando uma criança dessa idade sabe mais do que ele em relação à tecnologia. Se ele for atender a garotada de hoje como atende ao cliente mais velho, vai morrer de fome nessa profissão.

O Google é um belo exemplo de como precisamos quebrar nossas crenças. Quem um dia imaginou que praticamente tudo o que você precisasse pesquisar já esta-

PROF. PAULO SÉRGIO BUHRER

ria pronto? Professores que não aprenderam a usar essa ferramenta não sabem mais como lidar com os alunos, e não terão nenhum argumento plausível para convencê-los a procurar em milhares de páginas, de vários livros, o texto que o Google entrega em segundos. Profissionais que, antes, faziam traduções de livros, cartas ou qualquer outra tradução perdem cada vez mais espaço para a internet, que traduz, com certa precisão, praticamente tudo. Se os artistas dependessem da venda de CDs e DVDs estariam todos quebrados financeiramente no atual estágio tecnológico em que estamos. Algumas crianças já nem sabem mais o que é um CD. Tudo é "baixado da net".

Quem ainda manda cartas para alguém? Conforme a sua idade, quem sabe, você nem saiba o que é uma carta. Se os correios dependessem apenas do faturamento do envio de cartas, hoje não existiriam mais.

Por isso, é vital que você aprenda o novo, se entregue a crenças diferentes das suas. Até mesmo em relação a valores morais, regras religiosas, e tudo mais. O papel da mulher, atualmente, é incomparável ao que era há poucos séculos, talvez décadas. E a própria igreja pregava a completa submissão da mulher ao homem. Tal crença, por sorte, vem sendo destruída completamente.

Casais divorciados sempre foram vistos como pecadores imperdoáveis pela maioria das religiões. Nos dias atuais, líderes dessas mesmas religiões vêm discursando diferentemente sobre isso, procurando acolher e não expulsar esses casais, que, com muita frequência, vivem melhor que relações de primeira união.

Talvez soe drástico demais, no entanto, é preciso várias vezes destruir tudo o que sabemos, seja na vida pessoal, profissional, e até espiritual, para construir pensamentos, ideias e crenças novas.

MENTE DE VENCEDOR

Não estou dizendo que toda a sua experiência não vale nada. A boa experiência tem um valor incalculável. Estou afirmando que é preciso estar aberto a mudar sempre que os resultados, sejam eles de qualquer ordem, não estiverem sendo aqueles que você deseja. E mesmo que sejam, você precisa fazer um exercício mental para saber se os continuará tendo se não fizer nada diferente do que faz agora.

Conheço, por exemplo, centenas de profissionais que não estão satisfeitos com o salário, o cargo, o negócio que montaram, a relação conjugal que mantêm. No entanto, continuam fazendo tudo do mesmo jeito sempre, esperando que, por milagre, resultados diferentes aconteçam.

Peter Drucker, o guru da Administração, dizia "o que a maioria das pessoas sabe geralmente está errado".

É algo assombroso ouvir isso, não é? O triste é que é a mais pura realidade. Aquilo que eu sei só é válido se continua sendo útil. Mas, para ser útil, o que eu sei precisa estar em constante evolução, e com total abertura para ser modificado toda vez que isso se fizer necessário.

> SABEDORIA É ESTAR ABERTO AO QUE NÃO SE SABE, E A MUDAR O QUE SE SABE,
> TODA VEZ QUE FOR PRECISO.

Histórias

Todas as crenças que você possui estão ancoradas em alguma história, ou no que lhe contaram, ou no que você mesmo viveu ou criou. Portanto, para mudar seu status de crenças paralisantes para crenças estimulantes, você precisa mudar as histórias que estão na sua mente, e que servem para construir ou destruir seus projetos, metas e sonhos. Para que o seu presente e futuro sejam diferentes, essas histórias têm de estimular você, e não paralisar.

PROF. PAULO SÉRGIO BUHRER

> SUAS HISTÓRIAS DE VIDA PODEM SER TRISTES OU FELIZES. A DIFERENÇA POSITIVA OU NEGATIVA QUE ELAS FARÃO ESTÁ EM COMO VOCÊ AS CONTA E RESPONDE A ELAS, E NÃO COMO ACONTECERAM.

Eu poderia usar como muleta o fato de ter sido muito pobre quando criança, como boa parte das pessoas que conviviam comigo naquela época ainda o faz. Eu poderia culpar o governo, a vila na qual morávamos, os vizinhos, a família. Porém, com as dificuldades pelas quais tive de passar, preferi repintar o quadro de histórias que me contavam sobre ser pobre, pintando um paraíso para viver nele, e não um inferno, como tanta gente insiste em fazer.

Se você quer ter resultados positivos, alcançar suas metas e sonhos, será necessário identificar as histórias que paralisam você, e que estão gravadas aí na sua mente. Apenas se conformar com as crenças que foram instaladas em você é um grande perigo. A vida é um pouco mais complexa do que aceitar o que nos contam sobre ela. Depois de um certo tempo é necessário debater, discutir, rever a imensa maioria das crenças que fomos aceitando.

Uma das primeiras atitudes que deve ser revista é você parar de se ver como um coitadinho, como uma vítima do mundo, por mais razões que tenha para acreditar que o é.

Às vezes, você tem tantas histórias tristes, de lutas que enfrentou, mas que, no final, o sacrifício foi muito maior do que o resultado, que sua mente fica focada, então, no sacrifício. Se ela ficar com o foco no sacrifício, vai, aos poucos, desestimulando você de persistir na realização das suas metas e sonhos.

 MENTE DE VENCEDOR

Por isso, você precisa enxergar o prazer em vez do sacrifício. A maioria das pessoas insiste em crenças paralisantes, porque vê o sacrifício, e não o prazer. Praticamente, toda grande conquista que você pretende ter requer sacrifícios, e é normal que seja assim. Lembre-se: se o que você faz não dá um friozinho na barriga, é sinal de que você está no caminho errado da realização dos seus sonhos.

> NADA QUE VALHA A PENA É FEITO SEM AQUELE FRIOZINHO NA BARRIGA.

Quem, por exemplo, pesa 150 quilos e precisa chegar aos 80, geralmente paralisa e não consegue porque foca no sacrifício. Abre a mente com pensamentos negativos de que não vai conseguir emagrecer, e a fecha com um rodízio de pizza, em vez de um prato de salada. Abre a mente ouvindo o obituário da manhã na rádio e a fecha deitado no sofá assistindo ao telejornal sangrento com um balde de batata frita e dois litros de refrigerante. Deveria ter feito exercícios físicos de manhã e à noite, e ainda ter lido um bom livro, que o incentivasse a ter uma mente vencedora.

Qualquer coisa grandiosa na sua vida requer uma dose extra de energia. Se você quer uma promoção, talvez tenha de terminar a faculdade ou fazer uma pós-graduação. Quem sabe o sucesso que você espera obter na sua carreira esteja esperando o sacrifício de estar disponível, ter velocidade em dar lucro para a empresa, e adquirir múltiplas competências. Só assim terá o prazer de ganhar o suficiente para comprar sua casa, seu carro e dar uma vida confortável a quem ama.

PROF. PAULO SÉRGIO BUHRER

Se quer realmente mudar crenças e hábitos paralisantes, precisará focar no prazer, no resultado, e estar ciente de que o sacrifício é parte dessa jornada.

Além de perceber e contar a própria história de uma maneira errada, e ter o foco no sacrifício, muita gente corre o risco de nunca alcançar o sucesso que busca, por uma razão simples. Porque, lá no fundo, a pessoa não acredita, de verdade, que merece, que pode ter uma vida diferente e melhor. Sempre ouviu dizer que sucesso é complicado, que querer ser rico é um atalho para o inferno. As pessoas, inclusive da família, sempre disseram que o destino dela era ser camelô, e ganhar pouco a vida toda. Ninguém nunca lhe contou histórias de camelôs que ficaram milionários, porque mudaram as verdades que tinham aprendido e criaram uma mente vencedora.

O problema da pobreza não é a falta de dinheiro. É a falta de crenças que estimulem a sair da pobreza. Esta sim impede que a pessoa sequer deseje melhorar de vida, e conquistar mais que o pão nosso de cada dia. É muito triste ser pobre. Sei bem do que estou falando. E a parte mais chata da pobreza material é ver pessoas que ama passando por privações, sem poder fazer muita coisa por elas.

Muitos trabalharão por vinte, trinta, quarenta anos, e durante todo esse tempo passarão por uma vida de escassez material, o que, certamente, vai afetar a vida pessoal também. Afinal, sabemos que dinheiro pode não definir felicidade, mas não ter dignidade de dar o que a família precisa também não deixa ninguém pulando de alegria.

A questão do dinheiro não é complexa. Ele não foi criado para alimentar apenas nossa parte material. O dinheiro também serve para alimentar a alma, nossa dimensão espiritual.

Um amigo, muito rico, é frequentemente criticado

MENTE DE VENCEDOR

por muita gente, por ter uma casa que vale cerca de oito milhões de reais. Dizem que ele é um avarento, mesquinho, arrogante, dentre outros adjetivos pejorativos que ele recebe. O que as pessoas não sabem é que praticamente todo final de ano ele reúne mais de mil crianças em seu jardim e presenteia todas elas. O que elas não sabem é que ele todo mês ajuda mais de uma centena de famílias com cestas básicas. Quando ele faz isso, alimenta sua alma, seu corpo imaterial. Ao mesmo tempo, mata a fome física de muita gente.

A crença sobre o dinheiro tem de ser modificada. Temos de entender que ele não alimenta apenas nosso corpo físico, mas também, se bem usado, nutre nosso corpo espiritual.

Fico triste ao saber que o sonho de muitas pessoas é chegar ao fim da vida com uma aposentadoria de um salário mínimo. Não é uma questão de pouco dinheiro. É uma questão de querer só um pouco do que a vida oferece. É uma questão de se acostumar com as derrotas com pouco, diante de tudo o que nos é oferecido.

Você já ouviu dizer que derrotado não é quem cai; é quem não se levanta. Isso não é verdade. Quem cai, mas levanta do mesmo jeito, sem mudar absolutamente nada, vai viver caindo, e cada vez se machucando mais. Claro que é preciso ter a capacidade de levantar das quedas, porém tem de sair melhor, ciente de tudo o que precisa ser mudado para ter resultados diferentes, e para evitar o máximo de quedas possíveis.

Quantas pessoas ouviram a vida toda que quem nasce pobre morre pobre, e petrificaram essa verdade errada criando uma mente perdedora. Quantas deixaram de acreditar que podiam mudar o berço de palha no qual nasceram para um berço de ouro. De tanto ouvir, no meio onde vivem, que só os ricos têm chance na vida, continuaram pobres, sem perceber quantos pobres se

PROF. PAULO SÉRGIO BUHRER

tornaram ricos porque mudaram de atitude diante das verdades mentirosas que ouviam.

Quantas delas não sabem ao certo o que as impede de conseguir mais da vida. Por isso, acabarão desistindo dos seus sonhos, pois imaginam que estão fazendo tudo o que deveriam e, de fato, externamente, elas estão dando o seu máximo. Porém não se dão conta de que o problema está mais embaixo, mais profundo, nas crenças paralisantes que se cristalizaram em suas vidas, impedindo-as de ter uma mente vencedora.

> O MUNDO SÓ VAI CONFIRMAR AQUILO EM QUE VOCÊ ACREDITA.

Imagine que você tem convicção de que na empresa em que trabalha só é promovido quem é parente dos donos. Você não pensa assim apenas, você já tem certeza, sua mente já está convicta de que é assim. Qual será o seu comportamento em relação a se doar mais, focar suas habilidades em prol da empresa? Provavelmente seu comportamento será dos piores, afinal, do que adianta se esforçar, se nunca vai ser promovido? No fim das contas, sua crença leva você a ter um comportamento errado na empresa, o que só fará sua crença se confirmar, pois você na verdade não será promovido com esse comportamento.

Viver é confirmar verdades, sejam positivas ou negativas. Se você tem muitas verdades negativas, se acredita que o mundo e as pessoas estão contra você, é isso que você vai confirmar. Essas verdades erradas serão suas crenças paralisantes.

MENTE DE VENCEDOR

A esse conjunto de crenças, e a nossa maneira de ver o mundo e o que acontece (nele ou conosco), denominamos *mindset*.

O *mindset* é como um programa de computador que apenas executa aquilo que está programado para fazer. Ou seja, se você está programado para ser um sucesso, a tendência é que chegue nele. Porém, se você tem uma programação para o fracasso, pode lutar a vida toda para ser um sucesso, mas a tendência é que continue fracassando até mudar seu *mindset*.

Amigos, parentes, gente que gosta e que não gosta de você vão falar um monte de coisa sobre o que é possível ou não fazer. Mesmo com boas intenções, pessoas que gostam de você podem desestimulá-lo, tirar sua energia. Imagine então quem não gosta de você o que é capaz de fazer.

Às vezes, você não evolui em alguma área que sempre quis, porque convive ao lado de pessoas que te seguram, que não querem nada com nada da vida. Soltar-se desses pesos pode ser o grande divisor de águas entre você chegar aonde quer e merece, ou permanecer onde não está evoluindo. Afinal, as coisas não acontecem na vida de quem precisa, mas sim de quem faz por merecer.

O que ou quem te segura? Se não tiver outro jeito, você decide se fica sempre no mesmo lugar, acreditando que não é possível realizar nada grandioso, ou se vai desbravar um mundo novo com novas companhias.

Você já viu aqueles balões que são vendidos em circos, feiras, que recebem gás Hélio, e quando você o solta, ele não para de subir? Porém, enquanto você fica segurando o balão, ou, se o amarra, ele não segue seu destino, que é subir. É mais ou menos isso que algumas companhias fazem com você. Você tem potencial para subir muito alto, no entanto, algo (geralmente alguém), não permite que você siga seu fluxo natural.

PROF. PAULO SÉRGIO BUHRER

A própria ciência vai rotular, com bastante autoridade, o que é ou não possível realizar. Até que um dia, um maluco qualquer acredita na possibilidade e realiza, fazendo os próprios cientistas reverem seus *mindsets*.

Foi o que fez o médico húngaro Ignaz Semmelweis, que foi desacreditado quando tentou convencer cientistas e médicos, há mais de 150 anos, que as doenças poderiam ser disseminadas se os médicos não fizessem higiene adequada nas mãos e instrumentos que utilizavam. A ideia foi completamente rejeitada pela maioria de seus colegas e por seus superiores da Universidade de Viena. Então, ele decidiu mudar-se para Budapeste. Lá ele foi ouvido, e alcançou um recorde na diminuição da taxa de mortalidade, por manter mãos e ferramentas médicas limpas.

Se você aceitar passivamente as crenças, científicas ou não, corre o risco de viver na mediocridade.

> HÁ UM DITADO QUE DIZ QUE, NO FIM, TUDO DÁ CERTO. SE NÃO DEU CERTO, É PORQUE AINDA NÃO CHEGOU AO FIM.

É essa convicção estimulante que deve mover você, pois é ela que vai mudar seu *mindset*. Mas você não pode ficar simplesmente esperando que as coisas caiam no seu colo, pelo fato de ter essa convicção. Você precisa mudar todas as verdades erradas que paralisam você, e pôr em prática atitudes que transformem seus resultados, para, então, alcançar suas metas e sonhos.

Coloque à prova as crenças que possui. Não acredite simplesmente nas histórias

MENTE DE VENCEDOR

que lhe contam. Acredite, aja, faça por merecer, porque:

> AS COISAS NÃO ACONTECEM NA VIDA DE QUEM PRECISA, MAS SIM NA DE QUEM ACREDITA E FAZ POR MERECER.

Desamarre-se de hábitos paralisantes

Muita gente é como aqueles carrinhos de bate e volta. Com um passado negativo, formaram crenças paralisantes. Então, assim como o carrinho, elas vão, batem nas dificuldades, voltam, mas nunca mudam nada. Elas não encontram novos caminhos, e ficam presas nas mesmas crenças. Simplesmente vão seguir a vida "batendo na parede" e voltando.

Por que o passado, mesmo sendo ruim, parece exercer tanto fascínio e poder sobre as pessoas? O fato é que ele está enraizado em suas atitudes, virou uma crença, e depois um hábito. E tudo que vira hábito torna-se difícil de mudar.

Por exemplo: aposto que você sempre vai pelo mesmo caminho para o trabalho. Talvez faça isso há dez anos e nem havia se dado conta. Quem sabe você trabalhe na mesma empresa há anos, e nem o porta-canetas de lugar você mudou. Provavelmente, coloca sua carteira no mesmo bolso. Pode ser que a sua cadeira e sua sala de trabalho estejam do mesmo jeito há anos. É possível que nem as fotos da família você tenha atualizado. E suas gavetas ainda estejam cheias de papéis inúteis, mas que você não quer jogar, e nem sabe qual a razão.

Em casa, pode ser que há anos você se sente no mesmo lugar no sofá, e durma do mesmo lado da cama. Escova os dentes sempre com a mesma mão, usa o mesmo perfume (ou não usa nenhum). Compra e usa o mesmo estilo de roupas, e seu cabelo tem o mesmo penteado há muito tempo. É possível que você entre no banheiro e acenda a luz, mesmo sendo durante o dia. Pode ser que abra a geladeira e coma alguma coisa, ainda que não esteja com fome. Talvez acenda um cigarro e fume, no mesmo horário, todos os dias, sem perceber que faz isso.

Acertei alguma coisa?

> OS HÁBITOS SIMPLESMENTE VÃO SE REPETINDO, VIRANDO UMA ROTINA QUE DESGASTA NOSSA CAPACIDADE DE MUDANÇA.

Os hábitos se instalam facilmente em sua vida, e você aprende a conviver com eles, sem questioná-los. Eles se tornam inconscientes, como dirigir um carro.

Se você dirige, sabe que já está na sua memória como deve dirigir. Você não entra no carro e pensa: "Agora vou virar a chave, pisar na embreagem, trocar a marcha, soltar devagar o pé esquerdo e pisar no acelerador com o pé direito". Simplesmente você entra e dirige.

Dirigir de forma inconsciente é um bom hábito. Porém, os hábitos ruins, paralisantes, têm o mesmo funcionamento. Se você faz, frequentemente, as mesmas coisas, e do mesmo jeito, a tendência é que tudo o que você faça seja sempre da mesma maneira, e se estiver errado isso vai trazer péssimos resultados.

Por exemplo: se quando algum desafio aparece, você logo arranja uma desculpa para não o aceitar, você já tem um hábito mental negativo, que é o de arranjar desculpas. Com o tempo, esse hábito se torna inconsciente, e aí você arranja desculpa para não estudar, não ler um livro, não brincar com os filhos, não sair com a família. Talvez, até sem perceber, você mal consegue desgrudar do sofá num final de semana. Enquanto todo mundo está lá fora,

 MENTE DE VENCEDOR

se divertindo, você está preso ao sofá, que tem até um buraco cativo onde você fica.

Os hábitos, errados ou não, residem no passado, mas podem destruir seu presente e futuro. Por isso, todos que o prejudicarem de algum modo precisam ser rasgados, como aquela embalagem de presente que você rasga para saber que presente ganhou.

> HÁBITOS PARALISANTES SIGNIFICAM ERROS REPETITIVOS E RESULTADOS RUINS DE FORMA PERMANENTE.

Sem mudar os hábitos, não se mudam os resultados. É por isso que tanta gente reclama dos resultados que obtêm. Geralmente, apontamos os hábitos errados alheios, mas nunca olhamos para o nosso próprio umbigo. A maioria, inclusive, acha que sempre está certa, e que não consegue o que quer porque o mundo é injusto, tem muita gente corrupta, desonesta.

Um dia eu estava em uma igreja, e o padre falou: "Existem pessoas que gostam de apontar os erros alheios. Elas nunca estão erradas e sabem exatamente o que têm de ser feito para mudar os outros, o mundo e as empresas. Elas apontam erros na igreja, dos padres, e dizem que a religião faz mal e que tem muita gente desonesta, mentirosa, safada dentro da igreja. Bem, eu sempre digo a elas para virem nos visitar, pois sempre temos vaga para mais um com essas características".

É a mais pura verdade. O padre tem razão. A coisa mais fácil que existe é apontar os maus hábitos alheios, sem perceber quais são os nossos.

PROF. PAULO SÉRGIO BUHRER

Sabe-se que, em média, um hábito leva pelo menos 52 dias para ser modificado. Nos primeiros dias, você pode enfrentar resistência, mas também pode sentir euforia pela mudança. As pessoas desistem de mudar os hábitos porque, geralmente, as coisas são mais difíceis, ou no começo, ou porque não conseguem manter a mesma energia inicial durante o processo de mudança.

Alguém que há anos não faz exercício físico, por exemplo, pode desistir logo depois da primeira ou segunda caminhada, porque o esforço é bem maior do que ficar assistindo televisão. Se a pessoa não tiver muita força de vontade, e se não focar nos resultados que vai obter com esse novo estilo de vida, por pelo menos dois meses, a tendência é que desista rapidamente.

Para mudar um hábito e destruir crenças paralisantes é necessário superar as resistências que vão aparecer, e aguardar um tempo para que a mente reconheça uma nova crença, e a transforme em um novo hábito. É preciso vencer aquela voz interior que diz: "Pare com isso, é loucura, é muito trabalho, fique aqui acomodadinho. Por que caminhar, fazer regime, sendo que uma picanha ao alho e óleo, um sorvete, bolo e chocolates são muito mais saborosos?"

Você deve dar ouvidos àquela voz que fala: "É isso aí, garoto, garota, força, vamos mudar esse corpo, essa mente, vamos aos exercícios, são trabalhosos, mas nos dão mais energia, geram endorfinas no corpo e nos dão mais prazer em viver. Em breve vamos vestir aquela bermuda e mostrar a coxa definida, o abdômen sarado, além de termos um coração pulsando com saúde, e tendo disposição para passear com a família, se divertir com as crianças, e ser feliz sem faltar fôlego até para subir uns lances de escada".

MENTE DE VENCEDOR

Uma nova crença, que vira um novo hábito, precisa dessa superação das resistências que são criadas no início, e durante o processo de mudança, já que exige mais desprendimento e esforço, do que deixar as coisas como estavam.

> DIFÍCIL NÃO É FAZER COISAS NOVAS, É DEIXAR DE FAZER AS ANTIGAS. POR ISSO, É PRECISO MUITA DETERMINAÇÃO PARA DEIXAR DE FAZER COISAS QUE FAZIA ANTES, MAS QUE PREJUDICAM VOCÊ.

É difícil deixar para trás anos de experiência profissional, por exemplo. Porém, se aquilo que você sabe mais atrapalha sua carreira do que ajuda, terá que destruir, desaprender tudo isso, que não serve mais, para dar lugar àquilo que está sendo valorizado no momento atual.

O empresário, por exemplo, que não tinha concorrência, provavelmente, atendia aos clientes de determinado modo, sem ceder aos seus anseios. Hoje, como os clientes têm muitas opções em quase todos os segmentos de mercado, o empresário precisa mudar sua visão, o jeito de treinar sua equipe, cujo foco não pode mais estar nos produtos e serviços que oferece, mas, sim, no cliente. Se não fizer isso, será trocado num piscar de olhos.

O colaborador, que era o único especialista em determinada área de tecnologia da empresa, por isso tinha regalias, hoje, certamente, se mantiver o pensamento de que é insubstituível, vai ser sem dó nem piedade trocado por um jovem estudante muito mais antenado no mundo tecnológico.

O professor, que antes ensinava aos seus alunos que para ser bem-sucedido profissionalmente bastava ter um currículo invejável, precisa mudar o discurso e dizer a eles que currículo abre portas, mas os resultados

PROF. PAULO SÉRGIO BUHRER

ruins podem fechá-las ainda mais rápido. O professor precisa ensinar seus alunos a não confiarem em seus currículos, mas estarem sempre atualizando conhecimentos e, sobretudo, mudando atitudes.

Os vendedores, que antigamente batiam de porta em porta vendendo seus produtos, ou ficavam de braços cruzados nas empresas, esperando os clientes, imaginavam que jamais seriam substituídos. Hoje, se ainda não mudaram esse pensamento, estão vendo os clientes comprando diretamente pela internet, por e-mail e por uma série de aplicativos. O vendedor que não se tornar interessante tanto quanto essas novidades corre o risco de ser substituído por um *smartphone*.

Mudanças requerem essa destruição de crenças e hábitos, ou no mínimo adaptações. Num mundo tão dinâmico em que vivemos, é preciso quebrar hábitos e crenças, adaptando-se aos novos formatos de negócios, carreiras, relacionamentos, enfim, às novas formas de conquistar aquilo que queremos.

O importante é que você comece, e depois resista à tentação de parar com um novo hábito.

Ninguém anda dez quilômetros sem dar o primeiro passo. Em algum momento, é preciso que você comece. Geralmente, o quanto antes, melhor.

Por mais pensamentos e crenças paralisantes que tiver, comece algo novo agora. Jogue fora a crença de que não vale a pena começar, porque nunca dá certo no final. Eu sei que você já deve ter lutado muito, e ainda luta, se esforçando para conseguir mudar, mas sem sucesso. Entretanto, quem sabe, você nunca foi até o final de verdade.

Se você não agir por causa do medo, das frustrações passadas, e não se arriscar mais, nunca vai saber quais seriam os resultados. E corre o risco de passar a vida como

MENTE DE VENCEDOR

aquelas pessoas que dizem: "Mas, e se eu tivesse arriscado... se eu tivesse me atrevido a começar a mudar...".

Se a crença, o hábito, que você tem está lhe fazendo mal, ou está fazendo mal a alguém em especial, é sinal de que precisa ser modificado, ou precisa, pelo menos, de alguma adaptação. Você não precisa de terapeuta, psicólogo, psiquiatra, na maioria das vezes. Só precisa aceitar que o que está fazendo, ou não fazendo, prejudica sua vida. Depois dessa conclusão, tem de mudar e pronto. Quando você quer encontrar uma razão, uma explicação, para então mudar, muitas vezes só intensifica o desejo de continuar igual, sem fazer qualquer mudança. Portanto, identifique as crenças que prejudicam você e comece a mudar.

Se na empresa as pessoas entraram depois, ocupam funções iguais a sua e ganham mais que você, há alguma coisa errada. Se todos estão crescendo, melhorando de vida, por mais que você esteja se sentindo confortável com sua vida, esse aparente conforto pode durar pouco. Talvez não tenha de mudar tudo, porém, precisa evoluir também, antes que não tenha mais espaço na empresa para você.

Se você pede uma promoção, um salário maior, mas se recusa a participar de um curso que a empresa exige, e que é realizado sábado e domingo à noite, porque coincidem com o horário do seu futebol, da balada, precisa, por hora, recusar esses compromissos e ir para o curso, senão nunca vai realizar seus sonhos e metas, e, em breve, será descartado como uma carta sem valor num jogo de baralho.

SE NÃO MUDAR PARA MELHOR, UM DIA DESCARTAM VOCÊ.

PROF. PAULO SÉRGIO BUHRER

Se você está acima do peso, alimentando-se mal, mesmo que isso não o esteja incomodando ainda, é hora de mudar antes que o sedentarismo traga maiores incômodos e doenças.

Se faz tempo que não pratica exercícios físicos, recuse-se a ficar sentado, parado. Comece caminhando dentro do seu pátio. Dê apenas algumas voltas. Depois, abra o portão e caminhe cem metros. Persista e dê algumas voltas pelo seu quarteirão. Quando achar que está ficando fácil, vá para um parque, ande um quilômetro, depois dois, três, quatro... Andar um quilômetro é 100% melhor do que não andar nenhum.

O primeiro passo para mudar hábitos é começar. E, para isso, é preciso primeiro recusar alguns convites de seguir com velhos hábitos. Lembre-se sempre: o mais complicado não é fazer coisas novas, é deixar de fazer o que tem feito até agora. Só consegue mudar quem se atreve a começar.

E é preciso que você resista à tentação de parar. Como viu, são pelo menos 52 dias para que um hábito comece a se modificar. E essa é a principal razão pela qual as pessoas abandonam o que começam. Elas não se dão conta de quão bom seriam os resultados, se tivessem resistido à tentação de retornar ao status quo.

Muitas param porque querem que os resultados aconteçam rápido demais. Estão há dez anos tendo atitudes erradas, porém, esperam que os resultados mudem em dez dias. Felizmente, ou infelizmente, em geral, as coisas não funcionam dessa maneira. É preciso

MENTE DE VENCEDOR

resistir, manter a mente vencedora, sobretudo quando os resultados não estiverem acontecendo.

Resista às desculpas. Não culpe os filhos, o trabalho, o cônjuge, pela vida que tem hoje. Eles não são os culpados. A culpa é unicamente sua. Em regra geral, temos o que fizemos por merecer. Eu sei que pode ser difícil saber disso, mas como um pai que aconselha seus filhos com a certeza de que está fazendo o melhor para eles é que faço questão de dizer isso a você, leitor.

Conheço pessoas que há dez anos pararam de estudar. O argumento era porque o filho era uma criança, e queriam acompanhar o seu crescimento. Mas hoje a "criança" tem 20 anos, já está trabalhando e casou-se. Porém, o pai, ou a mãe, ou ambos, ainda usam o mesmo argumento de antes, com algumas ramificações: "Pois é, parei por culpa dos filhos, e agora já estou velho demais". Esqueça essa história de idade, porque não existe idade certa para fazer o que precisa ser feito da maneira certa.

Não pare. Resista a todo tipo de desculpa. Não dê ouvidos a quem lhe dá conselhos que não agregam em nada, e só fazem você permanecer acomodado. Essas pessoas não ajudam você a realizar seus sonhos. Afinal, elas não conseguem sequer realizar os delas.

Mesmo que os resultados não sejam como você planejou, continue. Às vezes, você faz tudo certo, mas, em vez de emagrecer dez quilos, eliminou apenas cinco. Veja que maravilha. Você sabe quantas pessoas conseguem eliminar cinco quilos no tempo que você determinou? Raras. A maioria nem começa ou não resiste. Você já foi bem longe.

Continue a faculdade, mesmo que se sinta um peixe

fora da água. Lá na frente você toma gosto pela coisa. Eu sei que pode ser cansativo, exaustivo. Você trabalha o dia todo, e estudar é algo que não estava mais nos seus planos. Quem sabe, realmente, se sinta velho no meio dessa garotada toda.

Apesar disso, resista e siga em frente. Pouquíssimas pessoas se dão bem na vida, e constroem algo significativo para si, para os outros e para o mundo, sem estudar. Vença o medo, a vergonha momentânea, pois quando concluir seus estudos nunca mais vai passar vergonha quando entregar seu currículo. Vai sentir muito orgulho de não ter desistido de você.

Continue buscando a promoção. Tire da cabeça que só cresce na empresa quem é apadrinhado por alguém. Se você mostrar competências e der resultados acima da média, não há chefe que queira perder você.

Continue com o sonho de abrir sua própria empresa. Não dê ouvidos aos parasitas de plantão. Se for necessário, finja-se de surdo quando fizerem comentários e lhe derem conselhos negativos.

Procure especialistas em negócios, faça barulho e apareça para os clientes. Eles não vão resistir à sua vontade de ajudá-los.

> NÃO TEM COMO DAR ERRADO ALGO
> QUE É FEITO DO JEITO CERTO.

Resista e continue. Quem sabe só tenha de tentar mais uma vez, com uma dose extra de energia.

MENTE DE VENCEDOR

Erros são lições

> SE HÁ ALGO GRANDIOSO EM UM SER HUMANO É A SUA CAPACIDADE E HUMILDADE EM PEDIR DESCULPAS QUANDO ERRA. SE HÁ ALGO MAIOR QUE ISSO, É A SUA SABEDORIA PARA NÃO COMETER O MESMO ERRO DE NOVO.

É preciso entender que na vida real, geralmente, você aprende pelos erros. Mesmo que possamos aprender com os erros alheios, há erros que precisaremos cometer para que o aprendizado seja consistente. Na vida, erra-se para depois tirar as lições. Na escola é diferente. Você aprende a teoria, as lições, e depois faz a prova para ver o que errou e acertou. Talvez seja por isso que as pessoas demorem a reconhecer que os erros são lições, pois aprenderam na escola que as lições deveriam vir primeiro.

Para mudar crenças e hábitos paralisantes, é preciso aprender a fazer dos erros lições. Só a mente vencedora consegue perceber que se transformar o erro em lição os resultados positivos acabam superando os prejuízos momentâneos provocados pelos erros.

Algumas pessoas vivem andando em círculos. Movimentam-se muito, mas no fim das contas, voltam sempre para o mesmo lugar, cometendo os mesmos erros.

> QUANDO VOCÊ NÃO TRANSFORMA OS ERROS EM LIÇÕES, SEUS PROBLEMAS SE REPETEM.

PROF. PAULO SÉRGIO BUHRER

Elas reclamam do trabalho, e fazem de tudo para ser dispensadas. Quando conseguem, vão para outras empresas, mas cometem os mesmos erros, e muitas acabam retornando para a empresa da qual saíram.

Na relação amorosa um dia há discussões, mas logo fazem as pazes. No outro dia, há discussões e ofensas, porém fazem as pazes de novo. No mês seguinte, há discussões, ofensas e agressão. Até que um dia, quem apanha fica feliz quando o ciclo volta só para as discussões. Esse processo não transforma os erros em aprendizado, por isso eles se repetem e fazem tanto mal para quem tem uma relação assim.

As pessoas repetem os mesmos erros nos negócios também. Muitas vivem abrindo e fechando empresas, mas sempre vão à falência, porque cometem as mesmas falhas o tempo todo.

Um empresário conhecido meu é uma máquina de quebrar empresas. Tudo porque seu slogan é: "Abra uma empresa e não trabalhe nem mais um dia". Ele ainda acredita nessa regra, e torce para que um dia funcione. Sempre que sua empresa está quebrando, ele culpa seus colaboradores, os clientes, a localização. Mas logo planeja outro empreendimento, porém, sem mudar seu slogan. Isso vai acontecer, provavelmente, até o dia em que o dinheiro, ou a paciência dos seus pais, que bancam tudo, acabar.

Por que muitas pessoas andam em círculos, repetindo erros? Geralmente porque elas sempre têm para onde voltar.

Certa vez, um comandante foi com sua tropa para a guerra. Cruzaram os mares em seus navios, e chegaram a um lugar inóspito. Ao saírem dos barcos e pisarem em terras inimigas, o comandante incendiou os barcos. Seus liderados ficaram malucos, e o inquiriram da razão dele ter feito aquilo, pois não teriam como regressar. O comandante respondeu: "Com os barcos aqui, se a coisa ficar feia, o que vocês fariam?" Praticamente todos

MENTE DE VENCEDOR

responderam que voltariam correndo e dariam meia-volta para ir embora. E ele respondeu: "Agora não podem mais fazer isso. Ou vencemos ou morremos todos aqui, inclusive eu".

As pessoas andam em círculos porque confiam que o barco estará sempre à espera delas. E mesmo que não seja o melhor barco do mundo, é cômodo para elas saber que tem para onde retornar.

PARA CRUZAR COM O SUCESSO E A FELICIDADE, VOCÊ PRECISA ROMPER OS CÍRCULOS.

Como você pode parar de andar em círculos? Faça como o comandante: queime os barcos.

Queimar os barcos significa:

- Experimentar algo completamente novo.
- Talvez precise mudar seus hábitos na empresa. Se tornar o colaborador que ninguém quer perder, a pessoa que todos querem ter ao lado.
- Como líder, quem sabe seja a hora de parar de dar sermão coletivo na equipe. Ela não vai respeitar você enquanto essa for sua atitude. O mais provável é que você viva trocando as pessoas da equipe, até que um dia seus superiores percebam que o problema não é a equipe, mas sim sua maneira de liderar, e troquem você.
- Como dono da empresa, provavelmente seja a hora de sair de trás da mesa, levantar da cadeira e ir conhecer melhor quem trabalha com você. Relatórios ajudam, porém, ouvir as pessoas, os clientes, é o que torna sua empresa diferente e encantadora.

PROF. PAULO SÉRGIO BUHRER

- Quem sabe seja a hora de terminar com esse casamento falido. Se depois de uma boa conversa com seu par afetivo, concluir que não dá mais, pare de sofrer. Fique um tempo sem um parceiro ou parceira. Conheça pessoas novas. Não fique indo e vindo no mesmo relacionamento destrutivo. Continuar assim faz mal a vocês, e pode estragar a vida de muitas pessoas que vocês dois gostam.

Evite viver repetindo os mesmos erros. Isso gera muita dor e sofrimento na sua vida, sem necessidade.

> A DOR GERALMENTE FAZ VOCÊ APRENDER E CRESCER. MAS APRENDER COM OS ERROS ALHEIOS É A MELHOR FORMA DE EVOLUIR SEM DOR.

E como se aprende com os erros? A atitude mais sensata é reconhecendo-os.

Muita gente não consegue mudar a repetição de erros, porque não admite que errou. Mesmo cheio de problemas, a arrogância impede que reconheçam os murros em ponta de faca que estão dando.

> A MENTE DO VENCEDOR RECONHECE SEUS ERROS, POR ISSO EVOLUI PARA NÃO COMETER OS MESMOS ERROS.

Conheço muitas pessoas que ficaram pobres, por não reconhecer que sua renda não era mais a mesma. Elas continuam indo a restaurantes caros, mantêm um carro de luxo e comprometem ainda mais a renda comprando roupas de grife. Cada cheque que preenchem é como dar um tiro no pé, mas elas fingem que está tudo bem. Não reconhecem que não podem mais gastar desmedidamente.

MENTE DE VENCEDOR

Um erro comum que vejo em empresas que vão à falência é que elas investem em propaganda, chamam os clientes para a loja, no entanto, não preparam as pessoas para encantar e vender boas experiências de compras aos clientes. No mês seguinte, como as vendas não aconteceram, aumentam os investimentos em propaganda e contratam novos vendedores, em vez de contratarem um treinamento. E o ciclo de erros continua. O problema não é a propaganda, pois toda empresa precisa divulgar seus produtos e serviços. Todavia, anunciar que se trata do melhor atendimento, e não cumprir com isso quando o cliente vem até à empresa, é uma maneira rápida de quebrar qualquer negócio.

Quem não aprende com os erros um dia cansa, e desiste. Os erros acabam com a energia da pessoa, e aí ela congela sua evolução, e se conforma com os resultados ruins, acreditando que "a vida é assim mesmo".

Conheço muita gente assim, e tenho certeza de que você também conhece. Eu já fui assim, e imagino que você também já tenha, ao menos, pensado em parar com todos os seus projetos, pelo fato de ter tentado várias vezes, mas sem sucesso.

> NINGUÉM GOSTA DE ERRAR, MAS QUANDO OS ERROS ACONTECEM, SUA MISSÃO É APRENDER COM ELES.

Quem erra precisa focar-se para dentro de si e determinar a fonte de seus erros. O vendedor que não vende, por exemplo, tem de identificar o que fez de errado, antes de sair culpando a empresa, os produtos ou clientes. O mais correto é esse vendedor tirar o pé do acelerador das vendas, até que possa reconhecer onde está falhando. Depois disso, corrige a rota e parte mais bem preparado para fazer seu trabalho.

PROF. PAULO SÉRGIO BUHRER

Se a empresa que você montou não deu certo, não significa que você seja incompetente. Talvez você tenha feito algumas besteiras naquele negócio, seja por começar sem capital de giro, recorrer a empréstimos com altos juros, gastar demais, contratar errado. Enfim, foi só um momento de incompetência. Mas esse momento não é você, é só um momento. Se reconhecer que errou e aprender, esses erros se tornam lições para o seu novo e mais bem planejado empreendimento.

Um pouco antes de me casar, pedi demissão do emprego para montar meu próprio escritório. Fui convidado para ser sócio de uma empresa de contabilidade, e não pensei duas vezes para aceitar, aliás, acho que não pensei nenhuma vez. Simplesmente pedi demissão e parti para o novo negócio, com um otimismo incrível.

Na verdade, era tudo o que eu tinha: otimismo. E ele não foi suficiente para manter a empresa. Em menos de seis meses ela quebrou. Enquanto meu primeiro filho crescia numa velocidade incrível no ventre materno, meu otimismo diminuía numa velocidade ainda maior no mundo de fora. Foram momentos extremamente difíceis. Eu não tinha dinheiro para pagar uma consulta médica do pré-natal. Morei de favor num pequeno cômodo cedido pela minha sogra. E foi ela que também manteve a nossa alimentação, conta de água e luz por um tempo.

Tudo isso poderia ter me gerado algum trauma, e feito com o que eu jamais pensasse em abrir outra empresa. E durante muito tempo, realmente, essa era a única coisa que se passava na minha cabeça.

Eu levei quase sete anos para me livrar do trauma de ter quebrado meu primeiro empreendimento, e então ganhar a coragem necessária para montar um negócio novo.

Talvez você não precise de tanto tempo para se livrar do trauma dos erros que cometeu. Quem sabe só esteja faltando reconhecer que errou, e recomeçar.

 MENTE DE VENCEDOR

> A ÚNICA COISA QUE VOCÊ NÃO PODE FAZER É DESISTIR PORQUE ALGUMA COISA DEU ERRADO.

As crenças, os erros e os hábitos ruins do passado, não devem bloquear seu presente, nem manchar seu futuro. Não pare com seus projetos de vida só porque falhou algumas vezes. Retire dessas falhas a experiência para melhorar sua resistência, e sinta-se mais preparado para seguir em frente, pois mudando crenças, hábitos e aprendendo com os erros você já sabe por onde não deve andar. Isso significa uma vantagem competitiva em relação àqueles que ainda terão de percorrer o caminho errado.

> PARA CRIAR UMA MENTE VENCEDORA, SUAS CRENÇAS PRECISAM ESTIMULAR VOCÊ. SE ELAS ESTÃO PARALISANDO, DEVEM SER MODIFICADAS O MAIS RÁPIDO POSSÍVEL.

Talvez seja hora de queimar alguns barcos, não é?

Suas crenças precisam elevar você de nível, seja em qual área for. Você sempre vai se aproximar muito daquilo em que acredita. Portanto, comece a acreditar em coisas boas, que o entusiasmam, que o fazem evoluir, e não no que faz você paralisar ou retroceder.

> VOCÊ SEMPRE VAI SE APROXIMAR MUITO DAQUILO EM QUE ACREDITA. E SEUS RESULTADOS SÃO UMA SOMA DE SUAS CRENÇAS, SEUS ACERTOS E DAS LIÇÕES TIRADAS DOS ERROS.

PROF. PAULO SÉRGIO BUHRER

CAPÍTULO 3
BLINDAGEM INTERIOR O PROCESSO DE FILTRAGEM

O grande segredo da mente do vencedor é o processo de filtragem mental. É ele que blinda você, e está exatamente no centro de comando da mente vencedora. Por isso você aprendeu, antes, sobre pensamentos e crenças.

É o processo de filtragem mental que comanda todos os passos da construção da mente de um vencedor, que a protege contra eventos adversos, e a prepara para reagir quando alguns desses eventos passarem pelo filtro.

O vencedor procura ser blindado interiormente. Ele não direciona sua atenção àquilo que está acontecendo de errado. Toda a sua energia está focada no seu propósito, no seu objetivo.

Fica muito complicado de enxergarmos oportunidades se quando elas aparecem, estamos olhando com foco absoluto

PROF. PAULO SÉRGIO BUHRER

para as dificuldades. No exato momento em que a oportunidade surgir, nossa atenção estará toda no problema, na crise. É como quando alguém diz a você: "Olha que pássaro lindo, mas você está olhando para o outro lado. Quando se vira, o pássaro já voou".

O processo de filtragem é uma espécie de barreira que o vencedor tem contra pessimismo, baixa autoestima, e qualquer evento negativo. Ele não é suscetível a notícias ruins, crises, telejornais, tampouco a pessoas negativas, pessimistas.

No processo de filtragem, tudo o que a pessoa ouve, vê e sente, seja lá de onde venha, é filtrado antes de virar uma crença e um comportamento. É esse filtro, também, que protege a mente de criar pensamentos negativos e abortivos.

Nossa mente tem de funcionar como o processo de filtragem da água: até ela sair pela torneira, passou por um grande processo que a purifica.

A notícia, o acontecimento pode até começar ruim, negativo, problemático, porém o processo de filtragem analisa e purifica as ideias, descartando ou não atribuindo grande importância a tudo aquilo que geraria pensamento, crença e comportamento negativos, focando apenas naquilo que gera pensamentos, crenças e comportamentos positivos.

A mente vencedora também é capaz de transformar o que é negativo em positivo, por meio do mesmo processo. O que chega ao início do processo, mesmo sendo prejudicial, é filtrado e transformado, de maneira que se torne positivo no final.

Um profissional que fazia coaching comigo foi demitido quando estávamos na quarta sessão do coaching. Ele estava a um passo de construir uma mente vencedora. Contudo, já havia passado pelo passo da BLINDAGEM IN-

MENTE DE VENCEDOR

TERIOR. Foi incrível ouvi-lo dizer: "Sabe, Paulo, essa demissão vai me ajudar a sair do casulo. Sempre quis abrir minha própria empresa, mas estava acomodado na profissão atual. Agora vou criar meu próprio negócio de sucesso". E realmente ele criou um belo empreendimento. "Se isso acontecesse antes do treinamento", disse ele, "eu teria desmoronado".

Como você reage diante de situações semelhantes? Qual é o seu padrão de reação quando assiste ao noticiário, e só ouve falar de crise, problemas, déficit? A que tipo de pessoas você dá atenção em relação à opinião delas?

Muitos têm o hábito de transformar notícias em pensamentos negativos numa velocidade incrível. Quem não conhece e não pratica o processo de filtragem terá grandes dificuldades de mudar o cenário caótico que, geralmente, é mostrado nas mídias, e ficará sempre suscetível ao que vem do mundo exterior. Viver assim é triste, pois além de não criar mecanismos para vencer os desafios que o tempo todo aparecem, a pessoa ainda sofre por antecipação.

Infelizmente, boatos e notícias ruins se propagam numa rapidez impressionante, e cada pessoa que conta torna ainda pior o acontecimento. Por isso, é fundamental aprender e praticar o processo de filtragem que irá blindar você contra isso.

E como é que se aciona esse filtro mental, que blinda você contra pensamentos e crenças negativas? Através de perguntas como estas:

1. Esse pensamento me torna uma pessoa melhor, mais forte e pronta para superar os desafios, e chegar onde quero, na área específica da minha vida?

2. Essa crença que eu já tenho, ou que estão tentando instalar em mim, me torna uma pessoa melhor, mais

forte, e pronta para superar os desafios, e chegar onde quero, na área específica da minha vida?

3. Esse acontecimento, visto da maneira como estou vendo agora, instalará pensamentos e crenças positivos, que me tornam uma pessoa melhor, mais forte e pronta para superar os desafios, e chegar onde quero, na área específica da minha vida?

4. O ensinamento que estou retirando disso que aconteceu comigo, ou com alguém, me torna uma pessoa melhor, mais forte e pronta para superar os desafios, e chegar onde quero, na área específica da minha vida?

Se diante de qualquer pergunta dessas surgir como resposta um sonoro NÃO, você precisa usar o processo de filtragem mental, modificando o pensamento e/ou a crença, em relação ao episódio, enquanto ele ainda está acontecendo na sua mente.

E de que maneira você faz essa modificação? Com mais perguntas, como:

1. De que maneira devo pensar (sobre) e/ou aceitar ideias e a visão de outras pessoas, para acionar mudanças na construção dos meus pensamentos, nas minhas crenças, e depois em meu comportamento?

Em síntese, o processo de filtragem mental é simples, mas surpreendentemente poderoso. Tudo o que é aceito, seja um pensamento ou uma crença, sem o devido questionamento, vira seu padrão de comportamento. Por isso, é vital que nada penetre na sua mente sem passar por perguntas como as que você viu, e outras mais, com as variações que você julgar necessárias. Entretanto, sempre com o foco em saber de qual maneira, o que você está pensando e acreditando o ajuda a ser uma pessoa melhor, mais forte, e pronta para superar os desafios, e chegar aonde quer, na área específica da sua vida.

MENTE DE VENCEDOR

Lembro-me de uma vez que um cliente de hipnose, com dezessete anos, me disse, depois que passei as perguntas do processo de filtragem para ele responder: "Paulo, o que posso ver de positivo em ter perdido meu pai aos onze anos de idade?".

Respondi: "Nada... e tudo. Só depende de como quer viver o resto da sua vida. Você perdeu seu pai quando tinha onze anos de idade, e isso é muito triste. A questão é que todos nós, de certo modo, vivemos perdendo coisas e pessoas importantes. Eu perdi minha mãe, quando tinha dez meses de vida. E sei que isso deveria acontecer. O acontecimento não precisa ser bom para ser positivo. Infelizmente, nenhum dos dois irá voltar mais, temos apenas que aceitar e aprender. Certamente, eu não teria construído a história que construí, se tivesse minha mãe do lado. Minha história seria pior, ou melhor. Mas sei que ela cumpriu seu papel, e eu sou grato por ter nascido e passado dez meses ao lado dela. Há coisas que não têm explicações. Elas simplesmente acontecem, e nossa reação/resposta é que irá ditar os rumos da nossa vida desse momento em diante. Quem sabe seja a hora de você pensar o mesmo sobre seu pai. Ele cuidou de você até os onze anos, depois confiou tanto que você seria capaz de seguir com sua vida sozinho, que foi morar em outro lugar".

> HÁ COISAS QUE SIMPLESMENTE ACONTECEM. ELAS NÃO TÊM EXPLICAÇÃO, E SERÁ A MANEIRA COMO REAGIMOS/RESPONDEMOS QUE DITARÁ OS RUMOS DA NOSSA VIDA.

Pontos de apoio

Para que a blindagem aconteça, além do processo de filtragem, é necessário contar com o que chamo de pontos de apoio. Esses pontos de apoio ajudam a mente do vencedor a se blindar contra os acontecimentos externos, criando uma espécie de campo de força mental. Veja os principais pontos de apoio que você deve usar.

Pessoas que dizem a verdade

Geralmente não é fácil ouvir a verdade. Mas se ela for dita de uma maneira acolhedora, é o melhor caminho para que tenhamos grande evolução.

As pessoas que gostam de você devem ter um papel importante na sua vida, ajudando-o a corrigir seus erros. Por isso, esteja sempre disposto a valorizar as ideias e opiniões delas a seu respeito. Elas dão a você a oportunidade de mudar sem ter de sofrer tanto. Se você se fecha completamente, para não admitir seus erros, é provável que as pessoas não ajudem mais você a perceber quando estiver indo por um caminho equivocado.

Não são elas que vão decidir os caminhos pelos quais você seguirá. No entanto, pessoas que dizem a verdade servem como um lampião que ilumina a estrada, abrindo seus olhos sobre o que é certo ou errado, bom ou ruim, em cada etapa da sua trajetória pessoal e profissional.

Antes de eu quebrar meu primeiro empreendimento, meu chefe tentou me mostrar o erro que eu estava cometendo. Deixou claro que eu era competente, no entanto, que não tinha ainda a experiência necessária para ter meu próprio negócio, e que só meu ímpeto de jovem, aliado ao otimismo, não seriam suficientes para enfrentar as dificuldades pelas quais toda empresa passa. Disse que eu não tinha capital para bancar nem sequer um mês de problemas financeiros com a empresa. Porém, afirmei convicto de que não teria problemas financeiros. Ele estava completamente certo, porém, eu não dei ouvidos. Em poucos meses, eu estava completamente quebrado.

MENTE DE VENCEDOR

Quem trabalha com consultoria sabe da dificuldade que é dizer para alguém que pretende abrir seu próprio negócio que do jeito que está começando vai quebrar mais rápido do que um vaso de porcelana ao cair da estante.

Quando um futuro empresário vem falar comigo sobre a empresa que vai montar, sempre pergunto quais diferenciais sua empresa irá oferecer aos clientes, que tipo de problema a empresa vai ajudar seus clientes a resolver, e se as pessoas estão gastando com os produtos e serviços que pretende colocar à disposição. Verifico se foi feito um planejamento financeiro, de custos, se pensou bem na localização, e se tem capital de giro para segurar as pontas até a empresa decolar. Infelizmente, as que mais quebram são as empresas cujo futuro empresário pensa como eu pensava. Ele responde: "Não pensei em nada disso, mas sei que vai dar certo". Sinto calafrios só de imaginar os problemas pelos quais ele vai ter de passar.

Também adoro ser otimista, e prefiro sempre estar ao lado de pessoas com alto-astral. Mas aprendi que isso não é suficiente para fazer uma empresa dar certo.

> ENTRAR NO MUNDO DOS NEGÓCIOS E NO JOGO DA VIDA COM OTIMISMO, MAS SEM COMPETÊNCIA, É COMO VIAJAR PARA O DESERTO COM O CANTIL, PORÉM SEM ÁGUA.

É preciso ouvir pessoas que dizem a verdade. Ficar atento ao que falam os mais experientes, na área que pretendemos atuar. Normalmente, isso evita muita dor e sofrimento.

Quais são as pessoas que dizem a verdade a você?

Escolha seus mentores que dizem a verdade, e preste muita atenção nas orientações que vai receber.

PROF. PAULO SÉRGIO BUHRER

> MESMO QUE DOA UM POUCO,
> É MELHOR OUVIR A VERDADE.

Seu passado

Além das pessoas que dizem a verdade, seu passado também deve ser um ponto de apoio, uma rocha forte para criar sua blindagem. É um erro dizer que ninguém vive de passado. Afinal, você não consegue se esquecer, e nem deve, de tudo o que aconteceu na sua vida.

A diferença está em que tipo de lembranças do passado vai focar. Se nas negativas, problemáticas, traumáticas, que bloqueiam sua motivação, seu entusiasmo, minando suas energias, fazendo você parar e regredir, ou se naquelas que impulsionam você na direção correta.

Todos os dias, querendo ou não, seu passado alimenta seu presente e seu futuro. Algumas pessoas fazem do passado uma prisão. A pessoa com mente vencedora aprende a se libertar dessa cadeia que pode ser o passado, adquirindo motivação para romper com as imagens e lembranças enclausuradoras.

A maneira como injetamos crenças, por meio das histórias que acontecem conosco, modifica nosso sistema motivacional. Muitas pessoas, por mais que tudo pareça bem, não conseguem manter a brasa da motivação acesa. Isso acontece porque elas vivem visitando seus passados complicados, tristes. Suas histórias de vida ainda não foram resolvidas permanentemente. Talvez elas ainda culpem alguém pelo que dá errado hoje, em razão do que aconteceu a elas no passado.

Realmente há situações complicadas, que pessoas, inclusive as que amamos, podem nos magoar, ofender, dizer e fazer coisas decepcionantes. Isso acontece com

MENTE DE VENCEDOR

todos nós. Todavia, não podemos ficar presos a isso. Precisamos nos libertar dessas amarras se quisermos construir uma história encantadora.

Há pessoas que nunca mais se relacionam afetivamente, porque foram traídas. Sofreram uma, duas, ou mais vezes e acabaram se fechando para novos relacionamentos. Canalizam apenas o que deu errado, focando seu objetivo motivacional nas lembranças de pessoas e momentos que só fizeram mal a elas, deixando de lado recordações positivas que, certamente, existem em qualquer relacionamento, por mais complicado que ele seja. Essa mudança de foco motivacional é que liberará motivação positiva para que se arrisquem em novas relações.

Outras tiveram prejuízos com as empresas que montaram, e nunca mais ousaram abrir um novo empreendimento. Deixam que o passado atue como uma mina abandonada, pronta para explodir com os novos sonhos. Esse foco motivacional torna o presente tão temeroso que o futuro não tem outra chance, senão o de ser assim também.

E tantas outras que tiveram problemas na empresa na qual trabalhavam, seja com chefes ou colegas que lhe deram rasteiras. Focar a atenção nisso não leva a nenhum lugar melhor. É preciso mirar o objetivo motivacional no que deu certo, mesmo que tenham sido poucas vezes.

Não devemos atuar como algozes de si mesmos, pois isso só torna nossos dias um calvário, e ninguém merece viver dessa maneira.

Sabe do que eu mais lembro quando trabalhei como gari? Não é da indiferença de algumas pessoas, tentando fazer eu me sentir invisível perante a sociedade. O que mais minha mente recorda é da dona Maria, moradora de uma das residências da rua que eu varria, me oferecendo um copo com suco e um pedaço de bolo quase

PROF. PAULO SÉRGIO BUHRER

todos os dias. Foco minhas lembranças em seu Augusto, nosso gerente, me oferecendo a oportunidade de fazer um teste para trabalhar numa instituição financeira e elogiando meu trabalho como gari.

Quando me recordo das dificuldades que passei na infância e adolescência, permito que minha mente fique pouco tempo focada nelas. Logo procuro me lembrar das vezes em que eu chegava com lápis e caderno, comprados com meu próprio dinheiro, e a vovó me ajudava a fazer as continhas de matemática. Não foco no tempo em que tínhamos pouco alimento para a hora das refeições. Procuro me lembrar do amor que um emanava ao outro, em que qualquer pedaço de pão dividido entre nós era sinal de alegria. Quando me lembro das dificuldades que passei quando meu primeiro filho nasceu, não foco na falta de dinheiro para comprar leite. Procuro focar nas vezes em que saíamos para brincar na rua, e que eu o carregava nas costas.

> TEMOS DE SER CAPAZES DE PLANTAR AS MAIS BELAS FLORES NOS DIAS MAIS SOMBRIOS.

Manter esse foco motivacional positivo e direcionado, procurando o lado bom do que acontece, evita que gastemos energia na direção errada.

Há uma lenda que diz que todos os anos um jardineiro ganhava um concurso da rosa mais linda da sua cidade. Já fazia mais de dez anos que ele ganhava consecutivamente o concurso. Um dia, ao ser entrevistado, perguntaram a ele o que fazia para todos os anos ter a rosa mais linda da cidade. Sua resposta foi: "Eu corto todos os botões de rosa estragados, e deixo apenas aqueles que têm chances de se tornarem numa bela rosa. À medida que os botões vão crescendo, vou cortando os ruins, aí toda a seiva da planta fica focada nos botões que podem se tornar uma belíssima rosa".

MENTE DE VENCEDOR

A maioria dos fracassos que teremos na vida ocorrerá por não focarmos a mente nos "botões" que podem transformar nossa história em lindas "rosas".

> NÃO É O QUE ACONTECE COM VOCÊ QUE CONSTRÓI SUA HISTÓRIA. É A MANEIRA COMO VOCÊ RESPONDE A TUDO ISSO.

Suas respostas ao que acontece o deixam blindado interiormente, ou o tornam cada vez mais frágil. Os vencedores têm uma capacidade incrível, seja inata, treinada ou uma combinação disso, de avançar, de se superar. Por isso não temos o direito de nos trancarmos no universo das lamentações, pois os vencedores raramente visitam esse universo, e se passam por ele criam uma maneira de sair rapidamente.

Sempre que você relembra seu passado, a tendência é que o reviva com mais ou menos intensidade do que quando ele realmente aconteceu. Se você, diariamente, ficar focado em reclamar de tudo que deu errado, do quanto sofreu, em breve estará com sua mente frágil aos acontecimentos, e, sem se dar conta, estará programando seu presente e seu futuro para se repetirem igual a esse passado.

Já se constantemente você focar suas lembranças nas vezes em que as coisas deram certo, onde você encontrou saídas e alternativas para solucionar problemas e crises, e de momentos que lhe deram motivação, garra, entusiasmo, energia, alegria e prazer, é isso que sua mente programará para o seu agora e para o seu amanhã. Ela vai canalizar todas as energias nos botões que podem se transformar em lindas rosas.

PROF. PAULO SÉRGIO BUHRER

Se você estudar as pessoas de sucesso, verá que a grande maioria delas teve um passado difícil, conturbado e cheio de reviravoltas. A diferença é que elas não viveram em função disso. Em vez de permitir que os momentos difíceis virassem muros, impedindo seu progresso, elas usaram o passado amargo para construir pontes, que as ligaram aos seus sonhos.

> EM VEZ DE USAR O PASSADO COMO MURO, TEMOS DE TRANSFORMÁ-LO EM PONTES QUE NOS LIGAM AO SUCESSO QUE BUSCAMOS.

Você tem de acertar as contas com o seu passado, seja ele momentos ou pessoas que lhe fizeram mal. Apesar do que possa ter acontecido, é hora de ser grato por todos que passaram na sua vida, por terem feito o que fizeram.

Não estou dizendo para você conviver com quem só lhe fez mal, caso isso não seja possível. Só estou pedindo para que mude seu foco, pare de trazer esse passado à tona. Ele só atrapalha sua jornada.

No fundo, quando mudamos o foco, passamos a ver que tudo o que aconteceu contribuiu e contribui, de algum modo, para nos tornarmos pessoas melhores. O melhor castigo que você pode dar a alguém que lhe fez mal é perdoar essa pessoa. Geralmente quem nos agride não sabe lidar com o bem. A pessoa aprendeu a lidar com o mal apenas. Se você tentar brigar com ela, vai perder sempre, pois ela é muito boa nisso.

> APROVEITE TUDO O QUE ACONTECEU COM VOCÊ, PARA BLINDAR SUAS ATITUDES NO PRESENTE, PROMOVENDO UM FUTURO BLINDADO TAMBÉM.

MENTE DE VENCEDOR

Enfim, só revisite a sala do seu passado se ela estiver arrumada, ou se for para arrumá-la. Se for para continuar sofrendo com a bagunça que era, é melhor construir outras salas no presente para que no futuro as coisas se ajeitem ainda mais.

Qual é a vantagem de reviver essas "bagunças" do seu passado? Se não for para organizá-las, não há nenhuma vantagem. Portanto, foque no que é positivo, em lembranças que trazem boas sensações e mais entusiasmo para a sua vida.

Seu futuro

Você cria sua blindagem interior quando provoca seu futuro para transformá-lo num ponto de apoio poderoso.

Como é que se provoca o futuro? Além de focar de modo positivo no seu passado, uma maneira inteligente de provocar seu futuro é por meio da imaginação. Isso mesmo. Sua imaginação não tem limites, e se for usada da maneira certa, tem o poder de criar em sua mente o futuro que deseja.

Depois que algo é criado na mente, toda sua estrutura mental e comportamental será direcionada para que o futuro que foi provocado na imaginação se torne realidade. Isso fortalece sua blindagem interior, que estará focada em dar a você aquilo que imaginou.

Qual é o futuro que você cria na sua mente todos os dias?

Sabe por que você deve criar um futuro positivo? Porque é assim que vai viver o seu presente. Ninguém é capaz de pôr um pé no futuro, pois não se vive no futuro. Contudo, ao criá-lo mentalmente, de maneira positiva, otimista, vencedora, você traz toda essa energia para o seu hoje, para o seu agora, o que faz você viver de uma maneira melhor e mais intensa.

PROF. PAULO SÉRGIO BUHRER

Outro ponto importante em relação a provocar o futuro é que, geralmente, as pessoas dizem o que elas não querem que aconteça, em vez de focarem positivamente naquilo que desejam ver acontecendo.

Se você quer saúde, não pode focar na doença que talvez tenha agora, dizendo: "Eu não quero viver doente". Se quer riqueza, não pode focar na pobreza que enfrenta hoje, falando: "Não quero viver na pobreza". Se você quer uma relação conjugal gostosa, linda de viver, não pode ficar tocando na ferida das mágoas, das ofensas do passado, pensando: "Eu não quero viver uma relação assim".

Tudo o que queremos precisa ser dito, escrito, anunciado, com foco positivo. Por exemplo: "Eu quero ter saúde, muita saúde", e "Eu quero ganhar dinheiro, ficar rico, muito rico", e, também, "Quero que meu casamento seja lindo de viver, maravilhoso".

Pode parecer que isso não faça diferença alguma, no entanto, faz. O cérebro tem dificuldades de compreender a palavra NÃO. Quer ver? NÃO pense num elefante. Tenho absoluta certeza de que pensou exatamente em um elefante.

Obviamente que não é apenas por essa maneira de pensar que você vai conseguir o que deseja, por mais que alguns escritores digam que sim. Porém, essa mudança na forma como você pede aquilo que quer, retirando o NÃO da jogada, foca em uma meta mais clara, e sua mente vai mandar as energias necessárias para que todo o seu comportamento mude, fazendo você correr atrás dos pedidos que fez.

Quando você quer alguma coisa também ajuda bastante mentalizar isso vindo até você, ou você indo até o que deseja.

Se você quer aquele carrão que viu na vitrine da concessionária, comece a desenhá-lo na sua imaginação. Peça para experimentar o carro. Dirija-o, sinta o cheiro do carro novo, toque nos bancos, no painel. Ande ao re-

 MENTE DE VENCEDOR

dor dele. Diga ao vendedor que quer saber as condições de venda, as formas de financiamento. Saia da loja com a certeza de que vai conseguir comprá-lo.

Agradeça por tudo o que tem, mas não passe um dia sem se imaginar sendo dono daquele carrão. Veja-o em sua garagem. Se não tiver uma garagem, projete-a na sua mente, e coloque o carro dentro dela. Cole fotos do carro pela casa toda. Aprecie o conforto de poder levar seus filhos para a escola de carro novo, ou de sair com os amigos com seu belo veículo. Olhe ao redor, veja as pessoas aplaudindo sua nova aquisição. Desça do carro e agradeça a todos, e sinta-se orgulhoso por ter conquistado o carro dos seus sonhos.

E aí, você já tem o carro dos seus sonhos? Claro que tem. Pelo menos na sua imaginação você já é o dono dele. Agora sua mente está pronta para correr atrás e tornar isso realidade.

Quando você coloca desejos como esses na sua imaginação, seu comportamento muda, e você passa a fazer o possível e o impossível para ter o que idealizou na sua mente. Você vai aumentar suas metas de vendas, terá mais comprometimento no trabalho, atenderá melhor aos clientes, pedirá mais trabalho ao chefe, enfim, tudo vai conspirar para você conquistar aquilo que colocou na imaginação.

Isso é provocar o futuro, que provocará novas atitudes, que farão com que o que estava apenas na imaginação, transforme-se em realidade.

Qual o comprometimento, o tamanho das metas, e da preparação profissional, de quem quer ter um carrão na garagem? E de quem quer no máximo, ou acredita que só pode ter, uma bicicleta?

Quem tem mais chances de conseguir o que quer? Qual dessas pessoas vai realizar seus sonhos?

PROF. PAULO SÉRGIO BUHRER

Acredite ou não, é a pessoa que imaginou o carro, porque quem idealiza uma bicicleta, pode consegui-la antes, no entanto, isso não era o seu sonho. Foi apenas uma forma sutil de acomodação. O problema não é sonhar em ter uma bicicleta. O problema é o tamanho do sonho.

Quem não provoca o futuro, geralmente não terá garra, força de vontade, ousadia, motivação, para correr atrás nem do pouco que imaginou. Já quem cria na mente expectativas altas, vai dar um jeito de se preparar, de seguir em frente, de se manter motivado para realizar o que pôs na imaginação. Além disso, conta com toda a conspiração do universo, porque o Criador adora gente que quer se dar bem na vida, de uma forma honesta, generosa, corajosa. Ele sabe que pessoas assim fazem muito bem ao mundo, cuidando de si mesmas, o que dará a elas também condições de cuidar de mais pessoas.

> COMO VOCÊ PROVOCA O SEU FUTURO PARA SE BLINDAR INTERIORMENTE? VOCÊ DIZ À SUA IMAGINAÇÃO QUE QUER UM CARRÃO NOVO NA GARAGEM? OU SE CONFORMA COM UMA BICICLETA?

Pare de alimentar seus inimigos

Parar de alimentar seus inimigos é ponto de apoio bem forte para você se blindar interiormente.

Todos possuem inimigos. Podem não ser pessoas, ao menos de forma declarada. E, infelizmente, boa parte das pessoas, passa a vida alimentando esses inimigos.

A pobreza é um inimigo a ser combatido. E ela se combate com trabalho, competência, inteligência e atitudes que mostrem energia para extirpá-la da sua vida, e não com doações de cestas básicas apenas. Cesta básica combate a

MENTE DE VENCEDOR

fome de alimento, mas se não for conquistada com suor pode matar, junto com a fome de vencer na vida.

> MUITAS PESSOAS NÃO SÃO BLINDADAS CONTRA A POBREZA, PORQUE JAMAIS LUTARAM CONTRA ELA; OS OUTROS É QUE LUTAM NO LUGAR DELAS.

Por isso, você que quer construir uma mente vencedora tem de lutar, o tempo todo, para não depender da ajuda dos outros. É ótimo quando temos em quem nos apoiar, e às vezes, realmente, dependemos disso para sair de uma situação difícil. Porém, esse apoio tem de ser apenas por um tempo. O mais rápido possível você precisa aprender a resolver seus problemas por contra própria.

Combater a pobreza não é apenas desejar não ser pobre. É mais do que isso. É querer o melhor da vida. E isso você vai aprender no passo 4.

A raiva é um inimigo a ser arguido. E ela se combate com respiração profunda, com a vinculação do quanto uma ação raivosa trará de consequências negativas para a sua vida.

> NINGUÉM SERÁ CAPAZ DE SE BLINDAR INTERIORMENTE, SE ATUAR COM RAIVA. ELA DESPROTEGE A EMOÇÃO, E CAUSA ESTRAGOS NA VIDA DE QUEM AGE A TENDO COMO PROTAGONISTA DO MOMENTO.

As doenças são inimigas a serem combatidas, porque o impedem de dar o seu melhor.

O que uma pessoa, por exemplo, que vai ao médico e descobre que tem gastrite deve fazer para se curar

PROF. PAULO SÉRGIO BUHRER

dessa doença? Parar de alimentar esse inimigo. Como? Passando a não ingerir alimentos e bebidas que provoquem ainda mais o inimigo, como temperos apimentados e picantes, produtos em conserva, bebida alcoólica, chás, cafés e um monte de outros itens. Certamente, o médico também irá informar que a pessoa deve evitar se estressar demais, pois o componente emocional é fundamental para que ela se cure da gastrite, ou ao menos amenize bastante seus sintomas.

Eu repito sempre nas minhas palestras que não há quem se motive se estiver doente. O problema é que muitas pessoas nunca vão ao médico fazer um simples exame de sangue, verificando índices básicos, como colesterol, diabetes, triglicerídeos, vitamina D. Vivem cansadas, com dores musculares, com fraqueza nos ossos, porém, atribuem isso ao trabalho, à rotina do mundo moderno. Vão a palestras, treinamentos motivacionais, mas, por vezes, saem piores do que entraram. Elas não precisam de palestras, precisam de um hemograma e de equilibrar deficiências vitamínicas. Nem sempre é uma questão motivacional.

A procrastinação é outro inimigo que você tem de parar de alimentar. O problema é que as pessoas que a têm como inimigo a alimentam com frequência. Ingerem preguiça, má vontade, desânimo, pelo menos três vezes ao dia, como se fosse um antigripal. Ou passam a semana visitando, ou sendo visitadas, em casa e no trabalho por gente que também procrastina tudo.

> NÃO HÁ COMO TER UMA VIDA CHEIA DE DESAFIOS E CONQUISTAS, SE SUAS RELAÇÕES SÃO COM PESSOAS QUE DEIXAM TUDO PARA DEPOIS.

MENTE DE VENCEDOR

É complicado realizar algo grandioso se vivemos alimentando o inimigo da procrastinação.

A ansiedade, atualmente, é um dos maiores inimigos a ser combatido. As pessoas estão muito ansiosas. Elas dizem que não tem tempo para nada, embora comprem agendas e mais agendas para organizá-lo. Não adianta.

> NINGUÉM ORGANIZA O TEMPO. VOCÊ SÓ CONSEGUE MAIS TEMPO PARA O QUE QUER E PRECISA FAZER SE ORGANIZAR SUA VIDA.

Fiz, certa vez, uma sessão de coaching num restaurante para um cliente. Ele gostaria de organizar sua vida e queria ter mais tempo para passar com a família. Ele se serviu primeiro. Quando me sentei à mesa, depois de me servir, o prato dele já estava vazio. "Você engoliu a comida sem mastigar?", perguntei. "Acho que sim", respondeu ele ainda com a boca cheia.

As pessoas precisam parar de alimentar a ansiedade. Todo mundo quer fazer tudo rápido demais. Nunca se viu tanta gente ansiosa, estressada. No trânsito, alguns motoristas parecem uma agulha com fio: vão costurando por entre os carros, como quem faz um crochê.

Correr contra o tempo não adianta. Às vezes é preciso parcimônia. Não dá para querer viver bem se você faz tudo rápido demais, como se o mundo fosse acabar daqui a cinco minutos.

Diz a lenda que a namorada perguntou ao namorado, se eles tivessem apenas mais cinco minutos de vida, o que ele gostaria de fazer. E ele respondeu: "Adoraria fazer amor com você", ao que ela rebateu: "Mas e nos outros quatro minutos, o que faríamos?"

PROF. PAULO SÉRGIO BUHRER

Em muitos casos, a lentidão é uma virtude, pois é complicado fazer tudo muito rápido.

As pessoas ansiosas imaginam que se não fizerem tudo no tempo mais rápido que puderem, algo terrível vai acontecer. A maior parte dos problemas nunca acontece, porém a pessoa ansiosa já sofreu por antecipação. E esse sofrimento antecipatório cria mais ansiedade, e gera milhares de outros problemas, como dor de cabeça, dor no estômago, pode elevar a pressão arterial. Ou seja, torna-se um círculo vicioso de mais e mais ansiedade, em que a blindagem interior não tem qualquer chance de acontecer.

A ansiedade se combate com mais leveza na vida, com mais contemplação da natureza e do que acontece ao seu redor. É importante aproveitar os poucos momentos que você tem junto às pessoas que lhe são caras. Passar mais tempo de qualidade ao lado de quem a gente ama ajuda, e muito, a reduzir a ansiedade.

Coma mais devagar. Não coma como quem quer assassinar a comida: geralmente ela já está morta. Assista a um filme sem procurar o resumo final. Leia um livro policial sem querer saber quem matou quem antes de terminar a primeira página. Aproveite mais a companhia de pessoas agradáveis. Convide pessoas especiais para um jantar, ou apenas para irem até sua casa jogar conversa fora.

Se você acha que seu inimigo é a empresa na qual trabalha, ou melhor, seus chefes, que não veem o bom trabalho que você tem certeza que faz, pare de alimentar essa relação profissional. Se depois de uma conversa franca nada mudar, procure outra empresa para trabalhar, porque vão se passar cinco, dez, quinze anos, e é possível que você se torne uma dessas pessoas que vive reclamando de tudo, mas faz pouca coisa ou nada para mudar.

 MENTE DE VENCEDOR

Outro grave inimigo que você precisa parar urgentemente de alimentar é o pessimismo. Por quê? Porque é ele que alimenta a todos os demais inimigos. Ele é como cola, que gruda você num lugar ruim, do qual não consegue se livrar. Quando praticado com constância, ele é como a idade da gente: só aumenta. A diferença é que a idade, geralmente, deixa você mais experiente, competente, sábio, e abre seus olhos para um mundo novo.

> O PESSIMISMO NOS TORNA INSEGUROS, E TRANCA NO PORÃO DO MEDO TODA OPORTUNIDADE DE SUCESSO.

Inveja e cobiça são inimigos que precisam ser combatidos o tempo todo.

Desejar o mal das pessoas acaba impedindo quem guarda esses sentimentos de ter uma proteção interna, pois se ocupam demais em cuidar da vida dos outros, não sobrando tempo para cuidar de si mesmas.

Conheço pessoas que são extremamente invejosas, e é preciso se blindar contra elas. Elas perdem seu tempo falando mal de quem não gostam, alegando que se estes conquistaram uma bela casa, por exemplo, é porque estão fazendo coisas ilícitas, ou foram sortudos demais ao receber uma herança. Criticam quem ganha um ótimo salário, ou está lucrando alto com o negócio que montou. Dizem que é sorte de principiante, ou estão sonegando impostos.

E se, porventura, estivermos na posição de invejosos, temos de nos libertar desse sentimento, pois ele é pior que comida picante para quem tem gastrite.

Acredito que você conhece alguém invejoso. Quem sabe algumas pessoas assim estejam bem perto de você. Procure se afastar de quem mantém esse padrão de comportamento, antes que sua pimenteira seque.

PROF. PAULO SÉRGIO BUHRER

> ENTENDA QUE SUA MENTE AMPLIA TUDO O QUE VOCÊ COLOCA NELA. QUANTO MAIS VOCÊ PENSA EM ALGO, MAIS ISSO AUMENTA AS CHANCES DE ACONTECER. POR ISSO, FICAR AO LADO DE QUEM SÓ PENSA DESGRAÇA, ATRAI E AUMENTA DESGRAÇA PARA A SUA VIDA.

A inveja não é uma boa companhia, e em momentos de crise é pior ainda.

Pessoas invejosas tendem a ser dissimuladas. Passam-se por suas amigas, mas, no fundo, desejam seu mal. Se você está, por exemplo, um pouco acima do peso e diz que vai começar um regime, elas oferecem chocolate e sorvete para você comer. Ou se você diz que vai fazer exercícios físicos, elas convidam você para comer um churrasco, e até dizem que você nem está acima do peso, mesmo que você tenha pulado do manequim 36 para o 44 em trinta dias.

São colegas de trabalho que, quando você diz que vai fazer hora extra, falam que isso é coisa de puxa-saco, e que já estão há anos na mesma empresa e nunca receberam qualquer promoção. Se você fala que seu chefe chamou você para trabalhar em outro setor, prometendo um aumento de salário, cortam seu barato, dizendo que é mentira, pois na empresa só tiram o couro dos funcionários.

Quando você diz que vai concluir seus estudos, cursar uma faculdade, pós-graduação, para ter mais oportunidades de crescimento na empresa, essas pessoas o desestimulam, dizendo que vai perder o melhor da vida, que é estar com os amigos e amigas, à noite na balada. Elas não se dão conta de que quem quer ter sucesso e ser feliz de forma consistente terá de trocar várias noites de balada por noites de trabalho e estudo.

MENTE DE VENCEDOR

Se não tiver outro jeito, afaste-se dessas pessoas cheias de inveja e cobiça. Além de querer o que é seu, geralmente elas não querem que você tenha nada. Inveja é igual ferrugem: destrói o lugar onde está, e tudo o que vê pela frente.

> GASTE SEU TEMPO CUIDANDO DA SUA VIDA. NÃO O DESPERDICE COM INVEJA. DEIXE QUE OS INVEJOSOS MORRAM DE DOR DE BARRIGA POR VOCÊ SER UM GRANDE SUCESSO.

Afaste-se, sempre que puder, daquelas pessoas que visitam você num sábado à tarde, elogiam uma rosa nova que se abriu no seu jardim, mas, no outro dia, a roseira inteira está murcha e destruída, e a pessoa ainda está sobre o muro perguntando "Nossa, o que houve com sua roseira?".

> ALGUNS INVEJOSOS SECAM ATÉ PÉ DE ARRUDA.

Uma amiga minha diz que jamais devemos reclamar da nossa vida perto de pessoas invejosas. Elas vão adorar saber que estamos numa pior e vão dar um jeito de nos colocar mais para baixo ainda. É a mais pura verdade.

Combater a baixa autoestima é uma ótima maneira de parar de alimentar os inimigos.

Ninguém é responsável por lhe dar um bom dia. E, geralmente, aparecerão mais pessoas para levar sua autoestima para baixo do que para ajudar a levantá-la.

> AINDA QUE TODA A AJUDA SEJA BEM-VINDA, VOCÊ É A ÚNICA PESSOA RESPONSÁVEL POR COMBATER A BAIXA AUTOESTIMA.

Autoestima se resume em uma frase: "Confio no meu taco". É preciso acreditar que se é capaz de resolver os conflitos da vida. Tanto pessoais quanto profissionais.

PROF. PAULO SÉRGIO BUHRER

Você tem de parar de alimentar a baixa autoestima. Essa é a melhor decisão que pode tomar em relação a si mesmo. Não deixe que diminuam você, nem o valor das suas conquistas.

Se você confia no seu taco, persista. Se seu chefe não escuta você, desenhe para ele o que você está dizendo. Faça um relatório mostrando que tem competência para ajudá-lo. Deixe claro que suas ideias são boas para o departamento, para a empresa.

Se a sua equipe não está ouvindo suas orientações, mas você tem convicção de que isso ajudaria a todos, trabalhe para descobrir qual é a melhor maneira de convencê-la. Talvez só precise mudar o discurso. Quem sabe deva parecer mais um paizão do que um chefe.

Pode ser que sua autoestima esteja em baixa. Você se sente inferior por algum motivo. Vê qualidades nos outros, mas esconde as suas, porque acha que não são qualidades.

Talvez viva debaixo de humilhação na empresa. Ninguém ouve o que você diz, e até parece invisível aos olhos de todos. Pode ser que até as pessoas que você ama, estejam inconscientemente sabotando sua autoestima.

Há casais, por exemplo, que só estão juntos porque aprenderam a se magoar, a se ofender. Agressor e vítima já não sabem mais viver sem um destruir a autoestima do outro. Quem agride hoje é a vítima de amanhã, e vice-versa. Ambos se tornaram dependentes das agressões, que começam verbais e culminam em agressões físicas.

Saia debaixo das asas de quem faz mal a sua autoestima. Por mais competente que seja em se proteger da metralhadora daqueles que procuram desvalorizar você, ninguém aguenta por tanto tempo ser metralhado. Uma hora as forças acabam e você cai.

Todas as manhãs, eu faço um exercício mental. Durante as orações, repito um mantra: "Paulo, eu confio

MENTE DE VENCEDOR

em você. Você é capaz, competente, e vai dar conta do recado hoje. Venha o que vier, confio no seu taco". Isso me blinda e me dá uma energia incrível para levantar e ir cumprir minha missão.

Procure ficar rodeado de gente do bem, que pensa positivo, que corrige e critica você, mas com carinho e respeito, sem descarregar as baterias da sua autoestima.

A sua autoestima é como uma pilha recarregável. Se você não colocar a pilha no aparelho que a recarrega, e este na tomada, ela continua sendo recarregável, só que sem energia. As suas "tomadas" de energia são gente do bem ao seu lado, e a convicção de que você confia no seu taco.

Se você se escorar nesses quatro pontos de apoio (pessoas que dizem a verdade, seu passado, seu futuro e parar de alimentar seus inimigos), estará muito bem blindado contra pessoas e eventos negativos e pessimistas.

> MESMO SE O MUNDO DE FORA ESTIVER DESABANDO, VOCÊ TEM DE CONTINUAR BLINDADO E FOCADO NOS SEUS PROJETOS.

PROF. PAULO SÉRGIO BUHRER

CAPÍTULO 4
SONHE GRANDE

Simão Pedro, discípulo de Cristo, tinha um sonho, e ele achava que era grande. Queria pescar muitos peixes. Cristo realizou esse seu sonho em segundos. Depois, mostrou a Pedro o que era sonhar grande. Em outras palavras, Ele disse: "Venha comigo, e vamos nos tornar pescadores de homens". Pedro aceitou o sonho, e bilhões de pessoas em todos os lugares do mundo sabem o que aconteceu depois.

Martin Luther King sonhou em acabar com as diferenças raciais. Ele não sonhou em mudar o bairro no qual morava ou que algumas pessoas aprendessem sobre o respeito entre as raças. Ele sonhou grande e cravou seu nome na História.

Henry Ford sonhou em construir o automóvel, algo jamais imaginado para o seu tempo. Ele não pensou em como fazer os cavalos, meio de transporte utilizado na época, correrem mais rápido. Seu sonho era grande, e ele deixou seu legado ao mundo.

PROF. PAULO SÉRGIO BUHRER

Somente homens e mulheres que sonham grande deixam sua marca. Dentre esses que citei, e tantos outros que ousaram sonhar, e deixaram seu legado, talvez a única diferença entre eles e nós seja o tamanho do sonho que tinham.

> ÀS VEZES, VOCÊ VAI ANDAR E VOAR COMO GALINHA, PORÉM É PRECISO SONHAR EM VOAR COMO AS ÁGUIAS.

Sonhe grande, pois sonhar pequeno dá mais trabalho e menos resultado. Mas uma coisa tem de ficar clara em relação aos seus sonhos: só se você lutar intensamente por eles terá o direito de materializá-los.

Ralph Waldo Emerson disse certa vez: "O mundo abre passagem para quem sabe onde está indo". Se você tem sonhos, tenho a mesma convicção de que o mundo vai lhe abrir passagem.

Para alguns, sonhar grande é sinônimo de pesadelo. Preferem sonhos e metas pequenos para não correrem riscos, frustrações e decepções. Infelizmente, pessoas que pensam assim estarão criando pesadelos permanentes, e convidando a frustração, os riscos e as decepções para um banquete diário no cardápio da vida.

As empresas deveriam treinar quem sonha pequeno a sonhar grande. No longo prazo, quem não tem sonhos grandes bloqueia o próprio sucesso, e pode interferir no sucesso da equipe. Precisamos aprender a premiar quem ousa sonhar grande, pois são essas pessoas que realizam as metas, e ajudam a construir negócios de sucesso.

Algumas metas são como um cobertor curto: pois mais que você se esforce em se cobrir por inteiro, vai sempre ficar uma parte descoberta.

MENTE DE VENCEDOR

As metas muito pequenas deixam descobertos seus sonhos. Quem cria metas pequenas, com medo de falhar, terá como maior punição a realização dessa meta, pois corre o risco de se acomodar.

É preciso acreditar mais em si, e sonhar sem limites. Se você cria metas e sonhos pequenos, vai aprender a realizar coisas pequenas.

> NUM BELO DIA, OS SONHOS E METAS PEQUENOS QUE ATINGIU VÃO INCOMODAR VOCÊ MAIS DO QUE UM DENTE SISO.

É como alguém que está pesando 150 quilos e diz que, em um ano, vai eliminar dois quilos. É uma meta muito fácil de ser atingida, que não exige nenhum esforço extra.

Se você é empresário, precisa cuidar da sua equipe e motivar quem sonha pequeno a sonhar grande. Se você quer construir uma grande empresa, um grande negócio, tem de ter do seu lado pessoas com esses sonhos coletivos. Você precisa de gente que sonha junto, que quer mudar o mundo e ajudar o próximo com seus sonhos.

O mesmo vale para quem quer construir uma carreia de sucesso. Quem sonha pequeno não consegue entusiasmo para superar fracassos e conquistar o sucesso.

A vida pode não ser fácil para quem sonha grande. No entanto, ela é bem mais difícil para quem sonha pequeno. A vida é para quem não tem medo de fracassar. Ela é para quem tem coragem de agigantar as metas, os sonhos, e, por mais que não os atinja, cada vez que age chega mais perto desses sonhos e metas.

Veja, um dos maiores segredos para você atingir suas metas é o fato de acreditar nelas. Sim, apenas acreditar. Já

PROF. PAULO SÉRGIO BUHRER

falamos que você vai chegar sempre muito próximo daquilo em que acredita. Portanto, criar metas gigantescas e acreditar que elas são possíveis é o melhor caminho para você realizá-las. Acreditar é aquele pozinho mágico. Os demais ingredientes todos podem ter ou copiar vários métodos existentes para atingir metas. Mas o pó mágico da sua crença ninguém pode copiar.

Quando trabalhei como GARI, varrendo ruas, ganhava meio salário mínimo. Meu maior sonho, na época, era dar um fogão a gás e um armário de cozinha para a vovó. Mas eu não podia. Esse era um sonho grande em relação ao meu salário.

Porém, nunca coloquei esse sonho na gaveta. Quando deixei de ser gari, e fui trabalhar na Caixa Econômica Federal, como menor aprendiz, passei a ganhar 1,5 salários. Você imagina a minha alegria? Imagina a alegria da vovó?

Pois é, a primeira coisa que fiz foi comprar o fogão e o armário de cozinha para ela. Foi um momento único e especial. Choramos de alegria, pois eu havia realizado um grande sonho.

Depois disso, sempre fui sonhando mais alto, e sei que é isso que me dá energia para segui. Não é apenas uma questão material. É uma questão de honra sonhar grande.

Precisamos sonhar grande. Aprendi isso desde cedo. Aprenda você a trocar seus sonhos. Comece com pequenos sonhos, mas aumente-os assim que perceber que está próximo, ou logo depois de realizá-los.

Se você é empresário, gerente, líder, precisa de gente que sonha grande ao seu lado, na sua equipe. Senão, nunca vai realizar metas ousadas na sua gestão.

> VIVER SONHANDO PEQUENO LIMITA SUAS AÇÕES, SUA MOTIVAÇÃO, BLOQUEIA SUA MENTE VENCEDORA.

 MENTE DE VENCEDOR

Pessoas que têm grandes sonhos raramente dão errado na vida. Elas não gastam tempo com reclamações, desculpas, fofocas, nem de encontrar culpados por seus problemas. A mente delas é focada em soluções, oportunidades, em encontrar maneiras de fazer o que precisa ser feito, do melhor jeito. Se você tem objetivos grandes, não tem tempo a perder com nada que o tire do caminho.

Quem sonha grande adora metas.

Há algumas grandes verdades sobre METAS:

- Metas estimulam campeões, mas podem paralisar quem não tem esse espírito;
- Metas não foram feitas para ser atingidas. Elas servem para deixar mais visível os vencedores;
- Uma meta se realiza quando em vez de pedir um ano melhor, você se transforma numa pessoa melhor.

Como você se sente quando tem uma meta a cumprir?

Alguns se sentem com medo e travam. Muitos ficam esperançosos, mas não tomam nenhuma nova atitude para realizar a meta. Já outros se sentem bem, tamanha é a vontade de bater a meta, pois sabem que não é uma META que está em jogo, mas, sim, um SONHO que está escondido dentro dessa meta. E essas pessoas sabem que precisam evoluir, aliás, muito mais que isso. Elas sabem que precisam REVOLUIR, do verbo revolucionar suas atitudes para que as metas possam ser realizadas.

As metas servem para deixar os campeões em evidência, pois eles vão agitar a equipe para que sejam cumpridas. Quando o líder lança uma meta audaciosa, automaticamente irá verificar com quem pode contar.

PROF. PAULO SÉRGIO BUHRER

A meta não foi feita para ser atingida. Ela serve para estimular você a ir além do que iria sem uma meta. Quem tem uma meta de VENDER UM MILHÃO POR MÊS, por exemplo, talvez venda apenas 500 mil. Mas se não tivesse a meta de UM MILHÃO, quem sabe teria vendido apenas 250 mil.

Alguns dizem: "Mas a meta me pressiona". É preciso aprender a trabalhar com essa pressão, pois você só concretiza seus projetos quando consegue visualizar nas metas profissionais a realização dos seus sonhos de vida.

> NUNCA A ESCOLHA É DE BATER A META. A ESCOLHA É SEMPRE A VIDA QUE QUEREMOS TER.

Em cada trabalho e palestra que realizo, procuro lançar desafios aos participantes. Isso leva a mudanças automáticas e revela imediatamente com quem a liderança poderá contar nos seus propósitos.

Vencedores sabem que as metas precisam ser específicas, mensuráveis, relevantes e que dependem de um tempo para ser alcançadas. Com essas informações, fracionam a meta para que possam diariamente aplicar a dose necessária de energia para realizá-la.

Vencedores mudam o sentido de uma meta. Eles a chamam de DESAFIO. Eles adoram desafios, porque a vida que querem, que sonham, a vida que pretendem dar a quem amam, está escondida dentro dos desafios. Vencedores adoram sonhar grande, e ir muito além das metas. Por isso, criam metas ousadas.

Mas há um grande problema em uma meta. Diante de tudo que já vimos, você se arrisca a dizer qual é?

Alguns dizem que é o medo de se frustrar por não

MENTE DE VENCEDOR

atingir a meta. Isso realmente frustra, mas viver sem metas já é uma grande condenação.

Outros dizem que o maior problema de criar metas é que elas dão trabalho, exigem mais esforço e dedicação. Não acredito nisso, porque num mundo onde milhões de pessoas não têm trabalho, se criar metas gera trabalho, isso é uma dádiva e não um problema.

Qual é o maior problema então?

> O MAIOR PROBLEMA DE UMA META
> É ELA SER PEQUENA.

Sabe por quê? Porque uma meta pequena apequena a pessoa. Metas pequenas são facilmente atingíveis. Quem cria uma meta mínima vai realizá-la rapidamente, e isso pode tornar quem a realiza numa pessoa conformada.

Você precisa criar metas grandes. Quanto mais absurda a meta melhor. Sua meta tem que fazer você acordar cedo, dormir tarde, trabalhar mais, com mais Inteligência. Ela tem de fazer você buscar parcerias, mais negócios, vendas, produtividade.

> META BOA É AQUELA QUE VOCÊ NÃO TEM A
> MENOR NOÇÃO DE COMO VAI ATINGI-LA.

É esse tipo de meta que você, que está construindo sua mente de vencedor, tem de criar a partir de agora, e isso só é possível para quem sonha grande, para quem reconhece que as metas só são atingidas por pessoas que enxergam dentro das metas sua realização pessoal, profissional, e uma vida digna para quem amam.

PROF. PAULO SÉRGIO BUHRER

As três principais perguntas que fazem você atingir suas metas

Há três grandes perguntas que precisam ser feitas por aqueles que querem alcançar metas grandiosas, e caminhar na direção certa de realizar seus sonhos.

O que eu preciso PARAR de fazer para realizar essa meta?

Atendi a um cliente que estava indignado por não poder pagar um colégio particular para seu filho. A mensalidade era algo próximo de R$ 350,00. Sua esposa, que havia feito um bem-sucedido tratamento com hipnose comigo, para emagrecimento, o indicou para eu lhe ensinar como organizar suas finanças. Embora não seja o meu foco, decidi ouvi-lo, pois sei que raramente o problema é o dinheiro.

A meta era pagar uma escola particular para o filho. Quando perguntei a ele o que poderia parar de fazer para realizar essa meta, não soube me responder. Arranjou desculpas e disse que não havia nada que pudesse parar de fazer. Afinal, estava com seu orçamento totalmente comprometido.

"Você não ama tanto seu filho como diz que ama", disse a ele num tom de brincadeira. Ele me respondeu que era quem mais amava na vida.

"Bem, acredito que não. Vejo que você fuma. Um maço de cigarros desses que está no seu bolso custa, aproximadamente, R$ 6,00. Pelo que observo, você é ansioso e já levou a mão para pegar um cigarro mais de três vezes, só nestes primeiros quinze minutos de conversa. Imagino que fume, pelo menos, dois maços diariamente. Estamos falando então de R$ 12,00 por dia. Em um mês, você gasta próximo de R$360,00 em cigarros. É por isso que estou dizendo que não ama seu filho, porque se fumar é mais importante para você do que pagar uma escola particular para seu filho, você não o ama tanto".

MENTE DE VENCEDOR

Terminamos a sessão com ele dizendo: "A partir de hoje não fumo mais. Meu filho vai estudar numa escolar particular".

O que é que você tem de PARAR de fazer para atingir suas metas?

Por exemplo, se você é vendedor, o que é que precisa parar de fazer para vender mais? Talvez deva parar de focar na crise, nos problemas. Quem sabe possa parar de uma vez por todas de dar desculpas. Pode ser que tenha de parar de assistir tevê, e se dedicar à leitura, cursos, treinamentos.

Como líder, para fazer sucesso, quem sabe seja a hora de parar de fugir dos problemas que a equipe apresenta. Como empresário, para fazer sua empresa crescer, pode ser que tenha de parar de viajar toda semana, parcelando as contas particulares com o cartão corporativo da empresa.

O que eu preciso FAZER MENOS para realizar minhas metas?

Algumas coisas você não pode parar de fazer completamente. Quem quer emagrecer, por exemplo, não pode simplesmente parar de comer. No entanto, pode comer menos. Você sabia que para emagrecer 10 quilos em três meses, você só precisa eliminar 111 gramas ao dia? Ou seja, supondo que você faça duas grandes refeições diárias, só precisa eliminar 55 gramas por refeição? Isso não é mais do que duas colheres de arroz ou feijão.

Profissionalmente, se você quer uma promoção na empresa, sabe que precisa se preparar, seja lendo um livro, fazendo um curso, frequentando um treinamento. Para isso, tem de ver menos tevê, dar menos atenção aos amigos, por algum tempo, e mais à sua carreira.

Como líder, se você quer que sua equipe atinja as metas, é hora de ser menos rude com ela. Deve criticar menos, e apoiar mais.

PROF. PAULO SÉRGIO BUHRER

Empresários que sonham grande têm de passar menos tempo atrás de suas mesas, lendo relatórios que, muitas vezes, não dizem nada proveitoso, mas, sim, complicam ainda mais a tomada de decisões.

O que eu preciso FAZER MAIS para realizar minhas metas?

Essa pergunta é fantástica. Somada às outras duas anteriores, abre o leque da sua criatividade para criar estratégias e tomar atitudes que levam você a atingir as metas.

Quem deseja emagrecer, pode fazer mais exercícios físicos, pode comer mais salada e alimentos saudáveis, o que já a fará cumprir a pergunta 2, pois comendo mais salada e produtos saudáveis, automaticamente, comerá menos alimentos não tão saudáveis.

Quem quer vender mais, por exemplo, precisa fazer mais contatos, qualificar melhor seus clientes, oferecer mais produtos, contatar quem não comprou para descobrir as razões de não ter comprado, e oferecer novidades. Deve estudar mais sobre vendas, sobre o comportamento dos clientes, fazer mais cursos e frequentar mais palestras e treinamentos sobre o tema.

A pessoa que pretende construir uma carreira brilhante sabe que precisa produzir e vender mais, dar mais lucro à empresa, estar mais tempo disponível, fazer mais do que o combinado. Talvez seja a hora de chutar a porta da sala do chefe e dizer: "Chefe, achei a solução para aquele grande problema". Duvido um chefe, em sã consciência, que vá se preocupar por você ter enfiado o pé na porta. Ele vai é adorar a solução que você achou.

O líder que deseja que a equipe cumpra metas, primeiro, deve fazer mais reuniões produtivas, servir mais como ponto de apoio, e não como um capataz pronto

 MENTE DE VENCEDOR

para punir seus subordinados com chicotadas. Provavelmente precisa parar de ser um bom gerente, que segue regras, normas, e dar mais liberdade para as pessoas, abrir a porta da sua sala, autorizar seus liderados a entrarem a hora que quiserem. Deve jogar fora o manual de conduta padrão, que ninguém lê, e criar respeito por meio da admiração dos liderados, pelo seu jeito de aceitar a opinião deles e servir como um ponto de apoio.

O empresário deve sair detrás da mesa e passar mais tempo com a equipe inteira, no chão de fábrica. Deve fazer mais parcerias de negócios e gerenciar melhor as finanças da empresa. Talvez o sucesso da empresa esteja em investir mais em gente e menos em máquinas. Provavelmente é hora de pedir mais oposição e contrassenso de quem trabalha com ele, e não de querer que todos concordem com o que diz, só para massagear seu ego.

Como empresário, você tem de exigir mais ideias contrárias às que você tem, para testar as ideias de quem trabalha com você. Se todos pensarem do mesmo modo seu, certamente você poderia dispensar mais da metade de quem trabalha ao seu lado.

Enfim, são três perguntas que merecem toda sua atenção. Elas têm um poder incrível de levar você na direção de realizar suas metas, seus sonhos, e ir muito além deles.

O ideal é que você faça essas três perguntas para áreas diversas da sua vida. Por exemplo: SAÚDE, PROFISSIONAL, ESPIRITUAL, RELACIONAMENTOS, etc.

Para cada área que escolher, fazendo as perguntas, encontrará um caminho para conseguir a meta que quiser realizar.

Por isso, que tal escolher uma meta agora mesmo, seja ela pessoal ou profissional, e preencher a tabela abaixo? Se não quiser rabiscar seu livro, copie a tabela em outro lugar e a preencha. Depois disso, aja.

PROF. PAULO SÉRGIO BUHRER

META:
_____

COMEÇA QUANDO?
_____

ÁREA DA VIDA:
_____

PRAZO PARA REALIZAR:
_____

(Lembre-se de que deve focar nas minimetas, ou seja, aquilo que terá de fazer diariamente, ou várias vezes ao dia, na semana, quinzenalmente. Meta se atinge todo dia, e não quando lhe der na telha).

O que preciso parar de fazer?	O que preciso fazer menos?	O que preciso fazer mais?

Block and go

Quando você tem uma meta, precisa bloquear mentalmente todas as ações que tiram você do caminho para atingi-la. Sua mente só precisa praticar dois comandos: BLOCK AND GO, ou seja, BLOQUEAR E IR.

Tem uma meta? Então use o comando BLOCK para bloquear aquilo que não vai na direção da sua meta, depois, acione o comando GO, para ir na direção correta.

Faz sentido?

 MENTE DE VENCEDOR

Por exemplo: você tem uma meta de emagrecer e programa para correr segunda, quarta e sexta, às 6h da manhã. Mas quando o relógio desperta, seu corpo não quer sair da cama. O que você precisa fazer: bloquear a preguiça para poder ir correr e atingir sua meta. Não há outro jeito. As pessoas acham que precisam de algo milagroso para atingir as metas, mas não precisam. O problema está na falta do BLOCK AND GO, e aí elas ficam se arrastando para sair da cama e ir fazer a atividade (geralmente não vão), ou começam com energia, mas na segunda semana já estão relaxando.

Use sempre BLOCK AND GO. Seu cérebro vai alertar você com diversos sinais de que precisa usar esse comando. Sinais como preguiça, frio, sono, mais cinco minutinhos... e tantos outros. Seu cérebro é fantástico, pois ele está dando os sinais para você NO GO (não ir), porém, na realidade, ele quer que você BLOCK AND GO (bloqueie e vá).

Quando você tem vontade de ir ao banheiro, o que você faz? Vai ao banheiro, ainda que seja às 2h da manhã, mesmo com preguiça, frio, calor. O sinal do cérebro é o mesmo, e as circunstâncias também (preguiça, frio, calor...). Por que você, então, NÃO VAI correr, porém VAI ao banheiro? Porque na primeira questão (ir ao banheiro), seu cérebro está no automático, bloquear circunstâncias e ir, senão uma tragédia acontece!

Entendeu? Para você correr, ou atingir qualquer meta, só precisa BLOCK AND GO o tempo todo, até seu cérebro entrar no automático. Nesses casos, entrar no processo automático do cérebro é vital para o sucesso da sua meta.

Esses dois comandos servem para qualquer ação na sua vida. Toda vez que algo tentar impedi-lo de fazer o que precisa para seguir o caminho da sua meta, precisa BLOQUEAR e IR. BLOCK AND GO! GO! GO!

PROF. PAULO SÉRGIO BUHRER

Os três pilares do sucesso na realização dos seus sonhos

Toda pessoa que tem sonhos, e quer ir muito além das suas metas, precisa aprender os três pilares do sucesso.

Mas o que são esses três pilares do sucesso? São três características que toda pessoa que sonha grande precisa ter. São elas: paixão, multicompetências e fome de resultados.

Quem tem pensamentos e crenças positivas, sonha grande e pratica o processo de filtragem mental, vai aprender a trabalhar com prazer, com paixão, e adquirir multicompetências, para atuar de forma diferenciada no mercado de trabalho. São pessoas que têm fome de resultados. Inevitavelmente, quem possui essas três características acaba conquistando o sucesso que procura.

Infelizmente, muita gente trabalha apenas por necessidade. Se você perguntar o que elas fariam se ficassem milionárias, do dia para a noite, a maior parte vai dizer que a primeira coisa que faria seria parar de trabalhar.

É complicado trabalhar apenas por necessidade. Observe: o que um pai ou mãe que tem em mente que trabalha apenas para suprir a necessidade de pagar a conta de água, luz, telefone, comprar alimentos e roupas à família, consegue? Geralmente consegue isso.

Já o que consegue um pai ou mãe que sai de casa sabendo que precisa pagar suas contas, mas com o forte pensamento de que está indo trabalhar numa empresa na qual se dedica, realiza cursos com frequência, para adquirir multicompetências, e, além disso, seu sonho é o de ser diretor dessa empresa? Frequentemente, também consegue isso.

Entendeu a diferença? Falamos no início do livro que as necessidades fazem um vencedor crescer. Isso é verdade,

MENTE DE VENCEDOR

mas trabalhar apenas para suprir as necessidades não é suficiente, porque ninguém que tenha o desejo de apenas supri-las tem disposição para crescer. É preciso ter paixão, competências e fome de resultados. Quem trabalha apenas por necessidade corre o risco de passar a vida reclamando das mesmas dificuldades, sem ousadia para sonhar.

> A NECESSIDADE TEM DE FAZER VOCÊ CRESCER, E NÃO FAZER VOCÊ SONHAR PEQUENO.

Para sonhar grande, você tem de parar de prestar atenção em quem sonha pequeno.

Há pessoas que atrapalham sua vida com teorias derrotistas, que as faz desistir dos sonhos que, talvez, um dia tiveram. Elas sempre têm uma explicação para justificar a falta de realização. Mas você vai perceber que elas nunca são as culpadas.

Precisamos admirar quem sonha grande, quem tem projetos audaciosos. Quem tem fome de resultados é que desenvolve projetos, que cria empregos, negócios, empreendimentos, ajudando dezenas, centenas, milhares de outras pessoas.

Em muitos lugares do mundo, parece haver uma devoção à pobreza. Pessoas que acordam cedo, vão a pé, de ônibus, ou de bicicleta para o trabalho, são aplaudidas pelo esforço. Isso é maravilhoso. Afinal, mesmo diante de tanta dificuldade, elas não desistiram. Mas, contrariamente, quem possui belos carros, casas, dinheiro no banco, quase sempre é tachado de ganancioso e mesquinho.

Veja que engraçado: quando veem um senhor de mais de 60 anos indo para o trabalho, bem cedinho, a pé, no meio de uma chuva, todos se condoem e aplaudem sua garra. Ninguém faz um julgamento se ele deixou de se qualificar, se abandonou seus sonhos por vontade própria,

PROF. PAULO SÉRGIO BUHRER

por preguiça de estudar. Ninguém analisa quantas vezes ele foi mediano nas empresas pelas quais passou. Todos veem um senhor de mais de 60 anos.

Porém, se veem um senhor de 60 anos num carro que custa 200 mil reais, descendo de terno de grife, com motorista particular, a imensa maioria das pessoas vai taxá-lo de ambicioso, ganancioso, avarento. Ninguém vai se preocupar em saber quantas horas mal dormidas ele teve, para se doar às empresas pelas quais passou. Ninguém pensa que ele, também, saía cedinho de casa, com sua marmita debaixo do braço. Ninguém se dá conta de que a diferença entre este senhor e o primeiro é que este não desistiu dos sonhos, e mesmo com todas as dificuldades do mundo fez sua mente trabalhar a seu favor e se apoiou justamente nas dificuldades para crescer.

A desculpa do primeiro é que não pode estudar porque seus pais o forçaram a trabalhar desde muito cedo. O segundo destrói essa desculpa e afirma que também passou por isso, porém, quando completou dezoito anos, decidiu tomar conta da própria vida em vez de culpar os pais pelo resto da vida.

É assim ou não é?

VOCÊ NÃO PRECISA SER POBRE E COITADINHO PARA SER RECONHECIDO PELO ESFORÇO.

Tratar uma pessoa pobre como coitadinha não a ajuda, só a torna mais pobre ainda. É preciso que ela saiba que é um ser humano especial, completo e que tem oportunidades de realizar seus sonhos. Todavia, a primeira coisa que precisa fazer é ela mesma confiar nisso, e parar de dar atenção àqueles que dizem o contrário.

 MENTE DE VENCEDOR

Uma das coisas que mais me deixa triste é ver pessoas lamentando a pobreza, porém sem fazer as mudanças necessárias para sair dessa situação. Não dá para repetir o discurso da maioria, de que não tiveram oportunidades, que a vida tem sido muito amarga, que o governo não cumpre suas obrigações, se quisermos transformar dificuldades em crescimento.

Um dia vi uma reportagem na tevê em que uma moça de aproximadamente vinte e cinco anos de idade lamentava a falta de saneamento básico e o fato de receber do governo apenas R$ 70,00 mensais como ajuda. Ela tinha quatro filhos e estava grávida. Me comovi com a situação, como qualquer ser humano que não tenha uma pedra de gelo no lugar do coração. Ouvi atentamente seu discurso: "Pois é, não pude estudar (ela só tinha vinte e cinco anos de idade). Meu primeiro marido foi assassinado, e o outro está preso. Até procuro emprego, mas não consigo por falta de estudo".

Sabe o que eu fiz? Consegui o contato daquela família e fui até a residência. Falei com aquela moça e disse que sua vida iria mudar. Ofereci a ela a chance de estudar. Disse que pagaria seus materiais, o transporte até o colégio e daria a ela R$ 150,00 até ela terminar o ensino médio. Afinal, ela ganhava apenas 70,00. Sua resposta, infelizmente, não me surpreendeu, mas é provável que o deixe de queixo caído:

"Mas eu estou velha para estudar. Se o senhor puder me ajudar com o dinheiro, eu agradeço, mas estudar não quero".

É uma pena ver cenas assim. Acredite: uma grande parcela das pessoas que está numa situação terrível vai passar a vida toda reclamando da falta de oportunidades. Elas dizem que não vale a pena sonhar. Porém, quando a oportunidade surge, e exige um esforço adicional, elas deixam passar.

PROF. PAULO SÉRGIO BUHRER

Alguns psicólogos dirão que ela estava traumatizada por todas as situações que já passou na vida e que levaria um tempo para reconhecer que tinha capacidade de voltar a estudar, para dar uma qualidade de vida melhor para ela e para a família. Eu discordo disso. Quem está numa situação avassaladora como a dela não tem tempo para traumas ou crises existenciais. Tem de passar, na hora, por cima de qualquer trauma ou crise emocional quando uma oportunidade aparece.

Tenho convicção de que, realmente, muitas pessoas não têm qualquer tipo de oportunidade. Nascem em meio a tanta desgraça, distantes de qualquer possibilidade de mudanças. Seja no Brasil ou fora dele, há milhões de pessoas que vivem na pobreza absoluta, sob regimes ditatoriais, disfarçados ou não de outras formas de governo. Lugares onde qualquer tentativa de mudanças sofre represálias, por interesses políticos, econômicos. Contudo, uma grande parcela da população simplesmente aprendeu o discurso de que não tem oportunidades. E o mais triste é saber que alguns segmentos políticos e empresariais adoram que elas continuem pensando assim.

Precisamos mudar nossa visão em relação à pobreza e à riqueza. Temos que admirar quem progride com ética, trabalho e inteligência. Não é pecado viver bem. É importante compreendermos que honestidade e desonestidade, caráter e a falta dele existem em todos os níveis. Não é a condição financeira que molda nossa postura pessoal e profissional. Se na riqueza, ou na pobreza, mudarmos nosso padrão de comportamento, é porque sempre quisemos ser dessa maneira, só estávamos bloqueando essa postura por algum tipo de interesse.

MENTE DE VENCEDOR

Há milhões de pessoas no Brasil que nasceram muito pobres e que devem servir como exemplo de determinação, paixão pelo que fazem, competência e fome de resultados. Pessoas que superaram todo tipo de adversidade e venceram honestamente, e hoje são bem-sucedidas financeiramente.

Quando eu era muito pobre, ficava feliz quando alguém me doava alguma coisa. Porém, eu sabia que não deveria depender dos outros. Precisava conquistar as coisas.

Temos de agir assim em situações difíceis. Não é egoísmo. É amor próprio. É sinal de que não pretendemos depender dos outros para construir nossa história. Podemos e devemos aceitar ajuda, mas jamais precisaremos passar a vida esperando que alguém sempre traga aquilo de que necessitamos.

Por isso, é preciso ter paixão, multicompetências e fome de resultados para vencer na vida, para sair da pobreza. Não apenas pelo dinheiro, mas para se sentir uma pessoa realizada e com dignidade.

Elaborei uma tabela muito fácil de compreender, e que demonstra quais os resultados profissionais para as pessoas, considerando que elas trabalhem por paixão, necessidades, que tenham multicompetências e fome de resultados. Você atribui notas de 0 a 10 em relação a cada característica. No exemplo, vamos considerar que as que tiverem o X valem a nota 10.

Resultados	Paixão	Multicompetências	Necessidade	Fome de resultados

PROF. PAULO SÉRGIO BUHRER

Muito dinheiro	x	x		x
Motivado sem dinheiro	x			
Pouquíssimo dinheiro			x	
Mediocridade		x		
Vive iludido				x
Ganha bem, mas não chega ao seu máximo	x	x		
Sonha muito, realiza pouco	x			x
Ganha bem, mas desiste com certa facilidade dos projetos		x		x
Na linha da mediocridade		x	x	

REFERÊNCIA: PAIXÃO, COMPETÊNCIA E FOME DE RESULTADOS >=8 MELHOR; NECESSIDADE <=7 MELHOR

Veja que o maior resultado acontece quando se tem paixão, multicompetências, nenhuma necessidade e muita fome de resultados. O ideal é que se trabalhe sem necessidade. Ou seja, mesmo alguém que já tem tudo o que vida pode oferecer, materialmente, continua trabalhando pelas outras características. Isso se encaixa bem na vida de gran-

MENTE DE VENCEDOR

des empresários, ou de qualquer pessoa que não possua necessidade financeira, mesmo assim, continua trabalhando.

Alguém que trabalhe apenas por paixão será, por algum tempo, motivado, mas sem qualquer resultado. Muitos profissionais são assim. Eles amam o que fazem, porém não possuem as demais características que os faria ter grandes conquistas.

Como já vimos, a pessoa que trabalha meramente por necessidade ganhará pouco, passando a vida inteira cheia de problemas financeiros e com dificuldades para garantir um mínimo de qualidade de vida, para si mesmo e para quem ama.

Quem só possui multicompetências terá resultados simplórios. Ter competências diversas não é suficiente para ter sucesso profissional. Geralmente, são pessoas que não cobram por seus conhecimentos, trabalham quase de graça, porque falta a elas fome de resultados e paixão. Diplomas são importantes, mas não garantem grandes resultados sem as outras duas características.

Alguém que só tenha fome de resultados viverá iludido. Não basta querer ganhar dinheiro, fazer sucesso. É preciso pagar o preço, se especializar, ter diferenciais e, no mínimo, fazer benfeito o que faz.

Já quem tem paixão e competências chega longe, mas geralmente não atinge todo o potencial que possui. Falta a elas fome de resultado. Há quem diga que estas são as pessoas que vivem melhor. Afinal, ganham o suficiente e, raramente, passam por apertos financeiros. Embora não realizem grandes sonhos, vivem bem. Só precisam ficar atentas para não se acomodar, se conformar, pois, nesse caso, começariam a dar passos para trás em relação aos seus resultados.

As pessoas que possuem paixão e fome de resultados sonham bastante, mas realizam pouco, porque falta a elas o "como" fazer aquilo que querem, como conseguir aquilo que sonham. Quando as oportunidades aparecem, elas as deixam escapar porque não estão preparadas.

Quem possui competências e fome de resultados vai obter bons resultados, mas será muito vulnerável às dificuldades, pois falta paixão para persistir quando algo der errado. São pessoas que trabalham bastante e podem até ganhar dinheiro, porém se frustram muito fácil, e correm o risco de viver pulando de galho em galho nas empresas.

E por último, estão aqueles que possuem competências diversas, mas trabalham por necessidade. É provável que quem se encaixe nesse grupo tenha bons resultados, porém a chance de viver estressado, ansioso e se irritar facilmente é enorme. Quando você realiza seu trabalho, e a necessidade é um fator determinante nesse processo, qualquer resultado que se obtenha pode perder o valor e o sentido que deveria ter.

Não há jeito certo ou a melhor maneira para se trabalhar. Às vezes, cada um de nós consegue viver bem, mesmo que se enquadre num grupo que, do ponto de vista do sucesso, do crescimento profissional, não seja o ideal.

Ainda assim, sugiro que procure, toda vez que for possível, unir os três pilares do sucesso na realização dos seus sonhos.

Encontre sua missão

Das três características que você viu, a mais difícil de encontrar é a paixão, sua missão. Por isso, vamos juntos descobrir como você a encontrará, tudo bem?

Quem não descobre sua missão de vida, pode passar o resto dela igual ao cachorro que corre atrás de um pneu: ele não sabe por que corre atrás do pneu, tanto é que quando o carro para, não sabe o que fazer, a não ser começar a correr atrás de outro pneu.

MENTE DE VENCEDOR

Cada um tem um propósito, uma missão, algo a que está predestinado a fazer. E uma das primeiras atitudes para descobrir esse propósito é se sentir importante como pessoa. Sentir que faz parte de um processo e um projeto maior, tanto em âmbito pessoal, como profissional.

Todas as pessoas, lá no fundo da sua alma, querem se sentir importantes. Não é uma questão de dinheiro ou poder. Elas querem apenas sentir que pertencem a alguma coisa maior, que são vistas e admiradas, seja pelo seu par afetivo, filhos, chefes, colegas de trabalho. Elas não querem se sentir pequenas, inferiores. Elas querem poder voar, sair do casulo e mostrar a cara, mostrar do que são capazes. E isso acontece com maior facilidade quando encontram sua missão de vida, pessoal e profissional.

O problema é que a maioria de nós não procura a missão, e aí o dinheiro, a riqueza material, quando conquistada, parece suprir essa falta de propósito, de um encontro consigo mesmo. E quando não encontramos nossa missão, a tendência é que não utilizemos todos os nossos talentos e capacidades, e sintamos essa falta de pertencimento a algo especial, que toque nosso ser.

Algumas empresas não crescem, por exemplo, porque seus líderes não encorajam quem trabalha nelas a realizar um trabalho missionário, aquele que dá prazer em fazer, que é quase como uma devoção. Em vez de lançar desafios que estimulem cada colaborador a se sentir importante, pertencentes, podam a ousadia, a capacidade das pessoas.

Nos relacionamentos, uma das razões pela qual uma relação não dá certo é porque um exclui o outro dos projetos, tirando essa sensação da pessoa, de saber que é competente e importante na relação como um todo, e não apenas para cumprir esta ou aquela obrigação em casa, raramente valorizada.

PROF. PAULO SÉRGIO BUHRER

Se alguém tem tirado de você essa sensação de valor, a sua capacidade de realizar o seu propósito, e se você aceita isso passivamente, vai encolher sua autoestima até o ponto em que se verá como um bicho acuado num canto, com medo, e sem coragem de reagir. E talvez, quando decidir mostrar as garras, seja tarde.

Várias razões contribuem para que as pessoas não se deparem com o propósito para o qual foram designadas, mas as principais são quatro: a) nunca se perguntaram sobre sua paixão; b) mesmo sabendo qual é a paixão, o propósito, não sabem usar a coragem para correr atrás disso; c) o dinheiro tomou o lugar da paixão; d) decidem tarde demais.

Nunca se perguntaram sobre o seu propósito

Você já se perguntou o que veio fazer neste mundo? Será que só veio para cuidar da sua vida? Se foi por isso, tem cuidado bem dela? O que você faz, será que realmente interfere no seu destino, e no das pessoas? Ou, o que quer que faça, já está desenhado, e tudo o que acontece é porque aconteceria de qualquer modo, exatamente da forma como aconteceu?

Parecem problemas misteriosos dentro de enigmas essas perguntas, não parecem? Mas, na realidade, são perguntas simples e que não precisam de respostas complexas, análises científicas ou místicas para ser respondidas. O problema não é que cada um tenha uma resposta diferente para perguntas como essas. A questão é que a maioria nunca vai se fazer essas perguntas. Se não há perguntas, também não existirão respostas.

As velhas perguntas – quem sou, o que vim fazer aqui, e para onde vou? –, ainda são um verdadeiro labirinto.

Um dia eu me arrisquei a respondê-las, e diante das respostas para cada pergunta, comecei a fazer tudo o que está ao meu alcance para seguir essas respostas:

MENTE DE VENCEDOR

Quem sou? Paulo Sérgio Buhrer.

O que vim fazer aqui? O que tiver de ser feito para ser feliz, fazer minha família feliz e ajudar as pessoas a saírem melhores depois de um encontro comigo.

Para onde vou? Para um lugar melhor, sempre.

Essas respostas servem para você também?

Se não servem, procure suas perguntas, e certamente encontrará as respostas também.

Não adianta você escolher as respostas que as outras pessoas tiveram. Cada ser humano é único neste espetáculo da vida, embora suas ações tenham interferência direta na vida de outras pessoas.

> VOCÊ É QUEM VOCÊ É E PRONTO. NÃO VALE A PENA PASSAR O TEMPO TODO QUERENDO SER OUTRA PESSOA.

Claro que é normal admirar alguém, seja devido à fama, status, poder, riqueza, generosidade, conhecimento, habilidades, resultados. Mas se você passar a vida inteira tentando ser igual a outra pessoa, vai perder seu tempo, pois nunca conseguirá.

> ENQUANTO VOCÊ PROCURA SER OUTRA PESSOA, ACABA DEIXANDO DE SER VOCÊ MESMO.

Lembro-me de uma coisa simples, mas que significou um enorme aprendizado para os meus dois filhos.

Quando começaram a usar perfumes, pediram para que eu comprasse um igual ao que eu usava. Mesmo sabendo que não daria certo, comprei. Logo que retornaram da escola, pediram para trocar de perfume, porque suas coleguinhas haviam dito que o perfume era muito forte, e até alguns professores reclamaram, dizendo que aquele não era perfume para criança usar.

Perguntei se eles haviam gostado do perfume. Responderam que não, mas gostariam de ser igual a mim. Então eu disse que eles jamais seriam igual a mim, e que teriam de ser eles mesmos, do melhor jeito que pudessem. E com o perfume que gostassem!

As pessoas estão tentando ser alguém que elas não são. Isso não dá certo. Cedo ou tarde acabam se frustrando, porque não há chance de ser outra pessoa, a não ser elas mesmas.

Se você é pobre, não adianta querer ser igual a uma pessoa rica. Você nunca vai conseguir ser rico, querendo fazer e ser o que essa pessoa rica faz e é. Você só vai conseguir ser rico se for você mesmo, e encontrar o seu jeito de fazer alguma coisa que o torne rico. Se pensar diferente disso tem grandes chances de fracassar, ou de acabar fazendo qualquer coisa para ter a riqueza que quer, mesmo que de forma desonesta.

O que ou quem você é não é um problema, é a solução. O problema é você querer ser o que não é. Muita gente duvidaria que um jogador de basquete de apenas 1,78 m de altura conseguiria ser um grande sucesso. Mas Ned Cox, jogador americano, mostrou que isso era possível. Ele não tentou ser o Oscar, o Michael Jordan. Ele conseguiu essa façanha sendo ele mesmo, aceitando sua altura. Ele correu atrás de fazer a sua própria diferença. Ele não tinha alternativas a não ser a de ser ele mesmo, e também não parou diante do problema da sua altura. Se ele quisesse ter 2 m de altura, ou seja, ser quem ele não era, aí sim teria um grande problema.

Ned saltava 97 centímetros do chão. Com os braços esticados, ele atingia 3 metros de altura, conseguindo enterrar a bola de basquete na cesta.

 MENTE DE VENCEDOR

O que você veio fazer aqui é dar o seu melhor, como Ned. O maior desafio do sucesso e da felicidade é dar o seu melhor, do seu jeito, para então merecer o que de melhor a vida pode dar.

Oferecer o melhor é ir além, é ser consistente no que faz. Sem ser consistente, ou seja, entrar sempre com a mesma garra, determinação e competência num projeto, trabalho ou o que quer que dependa dessas atitudes, você terá grandes dificuldades para manter resultados sólidos.

Se você decidir ser você mesmo, e a dar o seu melhor, para onde quer que vá será sempre para um lugar melhor, e vai encontrar de algum modo o seu propósito na vida, porque fazendo isso a vida vai trabalhar para lhe dar tudo o que você quer e merece dela.

Não sabem usar a coragem

Um atleta de alta performance treina e joga com dor praticamente todas as vezes. Na verdade, ele sabe que quanto mais dor, dentro de um limite aceitável, melhor ele estará preparado para a competição. Isso vale para todas as profissões, para os negócios, e para a nossa vida. Não podemos desistir dos nossos sonhos logo quando começamos a sentir o peso dos desafios e a dor que eles trazem. A dor precisa ser percebida como um sinal de que estamos no caminho certo.

Quem sofre algum trauma físico sabe da importância que é fazer sessões de fisioterapia rapidamente, pois isso tende a melhorar os resultados. O problema é que algumas pessoas acabam desistindo da fisioterapia, comprometendo o resultado final. E por que desistem? Porque, inicialmente, dói muito.

É preciso coragem para suportar a dor e se tornar vencedor, um campeão. Todavia, eu acredito que é necessário mais coragem ainda para desistir, pois o preço de fracassar é muito mais caro.

PROF. PAULO SÉRGIO BUHRER

É necessária muita coragem, por exemplo, para não largar a bebida ou o cigarro, mesmo vendo a família se deteriorando, e os filhos passando fome. É preciso coragem para abandonar um recém-nascido na lata de lixo. Requer uma coragem sobrecomum deixar de trabalhar um pouco a mais em troca de um jogo de bilhar, mesmo que os filhos não tenham um tênis para ir à escola.

Todo ser humano que é capaz de abandonar seus projetos, seus sonhos, é uma pessoa tremendamente corajosa, pois é preciso ter coragem para aceitar as consequências dessa decisão.

> PORTANTO, SE A PESSOA CANALIZAR ESSA CORAGEM SOBRENATURAL PARA CORRER ATRÁS DO QUE QUER, TEM GRANDES CHANCES DE CONSEGUIR. É SÓ UMA QUESTÃO DE FOCO.

Obviamente que o nome que a maioria das pessoas dá para a atitude de quem larga seus desejos pelo caminho não é coragem, é covardia. Mas isso é um equívoco. Covardia não existe. O que existe é coragem usada de maneira errada.

Um amigo meu foi muito corajoso, porém usou a coragem da pior forma possível. Era uma pessoa competente, dinâmica, sagaz, e mesmo sem muita instrução formal dos bancos de escola era alguém inteligente, que resolvia problemas na empresa na qual trabalhava. Até que se envolveu com drogas ilícitas, começando pela maconha e terminando no craque. Eu o acompanhei desde muito cedo. Jogávamos futebol juntos desde os vinte anos de idade, e foi difícil vê-lo perder o jogo contra as drogas.

Na empresa, antes desse envolvimento, era uma pessoa querida, alegre. Com os amigos era especial,

MENTE DE VENCEDOR

feliz e proporcionava momentos inesquecíveis e engraçados. Na família não era diferente. Todos o amavam e admiravam sua garra.

Mas tudo começou a mudar. Chegava atrasado ao trabalho depois que recebia seu salário. Em casa, já começava a faltar comida, roupas, coisa que nunca havia acontecido antes. Já não saía mais com seus amigos, e frequentemente desaparecia nos finais de semana.

Todos passaram a desconfiar de que algo estava muito errado, porém ele não confessava nada. Contudo, não demorou muito para tudo vir à tona, e ele assumir que estava envolvido com drogas, e já não conseguia mais parar de consumir. Sua coragem até então tinha sido usada em prol da empresa, da família, dos filhos e dos amigos, todavia, começou a ser canalizada na direção errada, levando-o a um colapso total na vida profissional e pessoal.

Eu, que desde muito cedo recebi convites da vida, de falsos amigos, para entrar para o universo das drogas, chorava com frequência por ver meu amigo se destruindo.

Ele foi demitido da empresa, o que piorou ainda mais sua situação financeira. A esposa o abandonou. Melhor dizendo, fez o mesmo que ele fez com ela e seus filhos. Sua vida se transformou num calvário, foi crucificado, porém sem a capacidade de renascer em três dias. Foi deixado de lado pela sociedade, e acabou indo morar nas ruas. Trocou tudo o que tinha pelo nada que a rua oferece. Sua coragem realmente foi muito grande para fazer essa opção.

Muitos anos se passaram sem eu tê-lo visto. Apenas tinha conhecimento de que estava numa pior, morando na rua, como mendigo, usando desta vez sua coragem para pedir dinheiro, para comprar muita droga e um pouco de comida.

PROF. PAULO SÉRGIO BUHRER

Mas um belo dia o vi andando pelas ruas da cidade onde morávamos. Estava razoavelmente bem vestido. Tive a certeza, pelo menos, de que não poderia estar morando nas ruas vestido daquela maneira. Corri atrás dele e o chamei. Foi um momento indescritível. Fomos a uma lanchonete e conversamos bastante. Ele me contou de todo o sofrimento que passou, das opções erradas que fez, de ser um covarde. Porém, jurou que havia se livrado do vício e recuperado sua família e amigos. Também já estava trabalhando, ganhando bem menos do que antes das drogas, mas muito mais do que como mendigo, afinal, agora tinha resgatado também a dignidade.

Foi aí então que eu disse que ele não era um covarde, o que lhe causou espanto. "Como não sou covarde? Troquei tudo o que tinha e era por algumas pedras de craque. Como isso não é ser covarde?". Respondi: "Você é a pessoa mais corajosa que conheço, apenas usou a força e a coragem que sempre teve na direção errada. Se usá-la da maneira certa, vai reconquistar o que perdeu e ir muito mais longe do que pode imaginar, meu amigo".

Recentemente o vi novamente, carregando um dos filhos nas costas, brincando, sorrindo e feliz ao lado da esposa. Ele recomeçou sua história, sua vida, e recuperou o que havia perdido, porque canalizou sua coragem na direção certa.

Use sua coragem para correr atrás do que faz bem a você, do que é certo fazer. Porque se usá-la para fazer o que lhe causa mal, o que só traz consequências devastadoras, também vai conseguir, afastando-se cada vez mais do seu real propósito de vida.

> NÃO EXISTE COVARDIA, NEM COVARDES. O QUE EXISTE É CORAGEM COM FOCO ERRADO.

MENTE DE VENCEDOR

O dinheiro tomou o lugar da paixão

Se você estiver em dúvida sobre sua missão na vida, sobre seu propósito, o dinheiro vai sempre suprir essa dúvida, substituindo o lugar do propósito, mas isso é altamente perigoso.

As pessoas, cada vez mais, estão correndo atrás de dinheiro. E isso não é ruim, nem bom. Depende do que elas têm feito além disso, porque os inteligentes sabem ganhar dinheiro, no entanto, só quem é sábio sabe aproveitá-lo.

Quem procura apenas dinheiro, pode aceitar trabalhar em qualquer coisa que dê dinheiro, sem se preocupar com sua vocação e com o que lhe faz feliz.

No começo, o dinheiro supre a falta de entusiasmo e encobre a paixão, o propósito, a vocação. Mas com o passar dos anos (meses às vezes), a pessoa percebe que está num mato sem cachorro. Encheu-se de contas para pagar, comprou bens, elevou o padrão de vida, porém, detesta o que faz, não aguenta a pressão, os desafios, ou a mesmice, a burocracia, odeia os colegas de trabalho, os chefes, e não vê como sair desse lugar sem entrar num colapso financeiro.

O dinheiro que era para trazer alegria, paz, plenitude, conforto e prazer, não traz nada além de uma fugaz segurança material, enquanto, sorrateiramente, está destruindo a alma da pessoa.

É sempre melhor trabalhar em algo que esteja alinhado com seus valores, com a sua paixão, do que trabalhar apenas por dinheiro. Na primeira hipótese, o dinheiro pode demorar um pouco para vir, mas vem. Na segunda, mais rápido do que você pensa, ele pode vir, mas vai mais depressa ainda, e acaba levando embora a sua felicidade também.

Eu adoro ganhar dinheiro. Não tenho problema algum em receber um bom cheque no final de um trabalho que eu faça. Mas só consigo isso porque amo o que eu faço, e o que eu faço me deixa muito feliz. E nem sempre ganhei dinheiro

PROF. PAULO SÉRGIO BUHRER

fazendo o que eu faço. No início, trabalhava, trabalhava, mas dinheiro que era bom, eu só via no bolso dos outros.

Sempre que você perceber que o dinheiro que você ganha está tomando o lugar de outras coisas na sua vida, como família, amigos de verdade, do sono tranquilo... pare! Faça uma análise, pense bastante em como pode reequilibrar as coisas, e se reconectar com seus valores e propósitos. Não permita que o dinheiro ocupe espaços que não deve ocupar. Contrabalanceie as contas, diminua o padrão, mas nunca deixe o dinheiro roubar sua alegria e bem-estar. Não vale a pena. Afinal, só é bom ter dinheiro e riqueza se você estiver feliz e fazendo quem você ama feliz também.

> NÃO TROQUE SUA FAMÍLIA POR DINHEIRO, NEM DINHEIRO POR SUA FAMÍLIA. PORQUE SE VOCÊ PERGUNTAR À FAMÍLIA, ELA VAI DIZER QUE QUER QUE VOCÊ REALIZE SEUS SONHOS. E SE VOCÊ PERGUNTAR AOS SEUS SONHOS QUEM ELES QUEREM DO LADO QUANDO VOCÊ REALIZÁ-LOS, ELES DIRÃO QUE É A FAMÍLIA.

Decidem tarde demais

"Nunca é tarde para recomeçar", diz o ditado. É lindo, mas não é verdade. Muitas coisas que você consegue fazer com trinta, quarenta anos de idade, não vai mais conseguir com sessenta ou setenta.

Algumas pessoas que pensam que nunca é tarde sempre deixam, por exemplo, para pedir perdão amanhã. Nem sempre dá tempo. Às vezes, as pessoas são arrancadas da nossa vida sem nenhum aviso.

O colaborador que deixa para fazer um curso no ano que vem, perde a vaga para aquele que se formou ontem, e quem sabe demore ou não apareça mais uma oportunidade tão grandiosa como a que perdeu.

Por isso, não tarde demais em descobrir qual é o seu propósito na vida, a sua paixão. Não deixe para decidir aos setenta anos que seu sonho era ser um fuzileiro naval. Não dá mais tempo.

Quanto antes descobrir o que quer da sua vida, mais chances têm de conseguir isso.

Só há duas maneiras de se sentir feliz profissionalmente: ou você descobre qual é a sua paixão, aquilo que ama fazer, ou aprende a amar o que está fazendo.

Quanto mais demorar a se decidir, mais difícil fica qualquer uma das opções.

Tire o máximo do mínimo

Quem tem paixão, multicompetências e fome de resultados aprende a fazer mais com menos.

Você precisa aprender a fazer mais com menos, tirar o máximo do mínimo. As empresas, os diretores, chefes, adoram pessoas com essa atitude.

Quem não aprende a fazer mais com menos corre o risco de passar a vida toda como quem empresta dinheiro de um banco para pagar outro: geralmente os problemas só aumentam.

Infelizmente, muitas pessoas têm feito o contrário: tem tirado o mínimo do máximo.

É como o vendedor que tem o preço máximo de mil reais, mas acaba vendendo logo no início da negociação pelo mínimo que o gerente autorizou, que eram quinhentos reais. Ou como o colaborador que quer crescer na empresa, mas vive negando maior comprometimento, sob o argumento de que não ganha o suficiente, sem perceber que uma das engrenagens da roda do sucesso gira ao contrário: mais comprometimento mesmo com menos salário, por um bom período, até que consiga o reconhecimento que merece.

PROF. PAULO SÉRGIO BUHRER

E por que não temos conseguido tirar o máximo do mínimo? Por que não queremos nos doar mais, trabalhar mais, entregar mais.

> NO FUNDO, ACHAMOS CARO O PREÇO DO SUCESSO, SEM NOS DARMOS CONTA DE QUE O PREÇO DO FRACASSO É BEM MAIS ALTO.

Descobri que para tirar o máximo do mínimo, a gente depende de algumas atitudes. Vou lhe mostrar duas delas, pois sei que com elas você vai muito mais longe do que pode imaginar.

Ajude os outros a serem bem-sucedidos

Como diz meu amigo Roberto Shinyashiki, se você quer ficar rico, ajude o máximo de pessoas a enriquecerem também.

Isso vale para tudo na vida. Se você quer ser feliz, coloque felicidade na vida das pessoas. Quer que o mundo seja grato a você, oferecendo-lhe aquilo que você quer? Então seja grato ao mundo pelo que tem recebido. Quer ganhar dinheiro? Ajude os outros a encherem a carteira também.

Grandes homens da História se tornaram grandes não pelo que fizeram, mas pelo número de pessoas que ajudaram com o que criaram. Eles poderiam ter feito milhares de coisas, entretanto, se não servissem para ajudar outras pessoas, teriam passado despercebidos.

É importante termos consciência de que não crescemos na vida por resolvermos os nossos problemas, mas, sim, por ajudarmos outras pessoas a resolverem os delas.

Se você é um colaborador, tem de estar consciente de que não vai resolver seu problema financeiro, enquanto não ajudar seu chefe a gerar mais lucro para a empresa. Se você é chefe e quer ser diretor, tem de dar ao seu diretor atual mais tempo de qualidade, ajudá-lo a reduzir a pres-

MENTE DE VENCEDOR

são do cargo, além de resolver os problemas que ele entrega a você. E se você é empresário, só vai ganhar dinheiro e ter um negócio de sucesso se atender aos anseios dos seus clientes. É como uma lei da troca: é dando que se recebe.

É sempre assim. Quanto mais ajudarmos aos outros a se darem bem, maiores serão nossas chances de sermos bem-sucedidos também. Por isso ajude o máximo de pessoas que puder. E mesmo que algumas decepcionem você, considere isso normal, mas continue agindo do mesmo modo.

Vá além do máximo

O sucesso pertence àqueles que vão além do máximo.

Preciso dizer algo doído a você, mas que no momento certo vai fazer sentido: "Se você quer conquistar o sucesso que merece, terá de estudar, se preparar, ir além do máximo, enquanto seus colegas estão tomando chope e se divertindo na balada".

É preciso aproveitar a vida, claro. Nem tudo é trabalho, trabalho, e mais trabalho. Todavia, para aproveitar a vida, primeiro é necessário conquistar seu espaço no mundo corporativo, e isso só acontece quando você faz mais do que as demais pessoas estão dispostas a fazer.

Você não irá tão longe se der apenas seu máximo. Sabe por quê? Por que as pessoas com um mínimo de vontade estão fazendo isso. É só notar o time de futebol que perdeu o jogo. Os jogadores sempre dizem: "Perdemos, mas demos o máximo que podíamos".

É verdade, o máximo já não é mais suficiente. Se você conversar com a maioria das pessoas que é bem-sucedida, elas vão dizer que deram mais do que o limite que tinham para dar. Elas quase pisaram no solo sagrado do impossível, para então conquistar os resultados que queriam.

PROF. PAULO SÉRGIO BUHRER

Faça o que é difícil, é isso que vai destacar você. Atenda aqueles clientes complicados. É assim que vai ganhar mais. Ouça o chefe troglodita, engula alguns sapos, mesmo não merecendo. Aliás, aprenda a saborear os sapos, assim eles causam menos irritação e estrago, e você acaba ganhando o respeito dos seus superiores. Vá além do máximo da sua paciência, exercite sua calma com quem tenta tirá-la.

Cuide daquela equipe que ninguém mais acredita, com pessoas difíceis de lidar. Cristo escolheu os piores discípulos. Provavelmente eu, você, ninguém os teria escolhido. Certamente teríamos escolhido apenas Judas, pois era o mais bem preparado culturalmente dos discípulos, mas foi o que traiu sua confiança. Acredite em quem está com você. Talvez eles só estejam precisando que você os lidere da maneira correta.

> É PRECISO ABRAÇAR TAREFAS, TRABALHOS, COISAS DIFÍCEIS DE SEREM SOLUCIONADAS. É NELAS QUE MORA O SUCESSO QUE VOCÊ TANTO ALMEJA.

Ouvi uma vez o Ronaldinho Gaúcho dizendo que depois do treino, quando todos iam descansar, ele ficava treinando faltas e outros fundamentos sozinho em campo. Dos pequenos times pelos quais passou, ele é o maior vencedor de todos. Ele foi além do máximo.

Oscar, o Mão Santa, também diz o mesmo. Ele ficava treinando arremessos de três pontos o tempo todo, mesmo depois que seus colegas haviam ido embora.

Precisamos ir além de onde imaginamos que nosso corpo e nossa mente aguentam, que nossa força de vontade diz que podemos.

MENTE DE VENCEDOR

> É AQUELA DOSE A MAIS DE ENERGIA QUE FAZ TODA A DIFERENÇA NOS RESULTADOS.

Faça mais que o combinado, vá além, dê aquele gás extra para realizar aquela tarefa adicional, mas que vai deixar seu chefe feliz e com vontade de promover você. Que vai fazer o cliente decidir comprar com você o que ele procura.

O que pode fazer além do combinado agora mesmo? Por que não vai até a sala do seu chefe e diz que quer ser melhor, que quer mais responsabilidade? Que tal ligar para uma centena de clientes no dia de hoje, só para agradecer por escolherem sua loja? Por que não liga para seu pai, mãe, filhos, alguém especial e diz o quanto os ama? Em vez de enviar flores, por que não compra e entrega você mesmo? Vá além do máximo, faça o que é difícil de ser feito.

Um maratonista nunca dá apenas o seu máximo na hora da corrida, porque todo maratonista profissional vai fazer o mesmo. Quem ganha a corrida é aquele que, nos treinos, quando todos já foram embora, treina mais meia hora. É aquele jogador que enquanto o técnico guarda o material esportivo, ele pede a bola para treinar mais uma hora batendo faltas, pênaltis. As pessoas que se tornam grandes campeões da vida fazem o melhor sempre, não só de vez em quando, ou quando lhes convém.

O profissional de sucesso não é o que dá o seu máximo. É o que oferece mais do seu tempo, mesmo tendo que ligar para a família e adiar o jantar no restaurante. Ele sabe que muitos jantares serão possíveis, e no melhor restaurante da cidade, pois será recompensado por sua disponibilidade e dedicação profissional.

PROF. PAULO SÉRGIO BUHRER

Uma união de sucesso não é aquela onde cada um dá o seu máximo para que as coisas deem certo. Essa união dá certo quando uma das partes é capaz de esticar todos os limites possíveis para que vivam felizes para sempre, apesar dos atropelos da vida a dois.

Se você sonha grande, e quer fazer sucesso, faça mais com menos, tire o máximo do mínimo. Aprenda a fazer aquilo que ninguém mais quer fazer, aceite realizar o que é difícil. Enquanto as pessoas estão fugindo das encrencas, resolva-as e destaque-se, mesmo que o chope com batatas fritas fique para depois.

> ALGUMAS PESSOAS PENSAM QUE FAZER MAIS DO QUE O COMBINADO É EXPLORAÇÃO. OUTROS TÊM A CERTEZA DE QUE ESSE É O CAMINHO DO SUCESSO.

Como diz um amigo meu: "Paulo, não existe essa história de treino é treino, jogo é jogo. Para mim, treino é jogo, e jogo é guerra total". É a realidade: a vida real não aceita ensaios. Para concretizar seus maiores sonhos, você tem de dar o seu melhor sempre.

MENTE DE VENCEDOR

CAPÍTULO 5
CRIE UMA CASCA GROSSA

> **O MELHOR TREINAMENTO PARA O SUCESSO SÃO
> OS LIVROS E AS CICATRIZES**

O que acontece quando você rala seu joelho? No início, sua pele fica mais frágil e dolorida. Mas, rapidamente, todo seu corpo recebe sinais de que precisa intensificar o envio de substância para que haja um dos mais extraordinários mecanismos biológicos: a cicatrização. Ou seja, em pouco tempo, o local ferido fica com uma aparência mais grossa, formando uma casca ao redor do ferimento como uma das mais sofisticadas formas de proteção.

Isso é fantástico, porque não estamos falando de nada superficial. Estamos falando sobre o corpo e a mente do ser humano atuando de forma conjunta. Em síntese, é isso que você está aprendendo neste livro.

PROF. PAULO SÉRGIO BUHRER

E eu fico muito feliz em poder dizer a você que, de fato, o melhor treinamento para o sucesso são os livros, e as cicatrizes. De certo modo, os livros também funcionam como um processo de cicatrização. Muita gente atolada em problemas, só encontra soluções após a leitura de alguns livros, com a identificação de uma história vivida ou compartilhada pelo autor, com as experiências descritas no livro.

Assim como no momento em que você rala o joelho, tudo se reorganiza para ativar o processo de cicatrização, que deixa a pele com uma textura mais grossa, o mesmo acontece no seu processo de realização pessoal e profissional.

Não há sucesso sem falhas, erros, quedas, sem luta. Por quê? Porque, assim como no processo de cicatrização de um ferimento, em que, após algum tempo, a pele fica mais forte, todos os seus fracassos precisam funcionar como o mecanismo de cicatrização, deixando-o com uma casca mais grossa para enfrentar os próximos desafios.

As cicatrizes precisam ser lembradas não com rancor, ódio, raiva, mas pelo que passamos, por situações difíceis, e as vencemos.

E os livros? Bem, os livros são as cicatrizes de papel, e a segunda melhor maneira de se preparar para o seu sucesso. Você provavelmente vai conhecer muitas pessoas bem-sucedidas que nunca leram livros. Mas aposto com você que elas se aconselharam, e muito, com quem devorava livros. Pessoas que leem bastante conseguem errar e sofrer menos, pois elas descobrem as cicatrizes alheias, as dores das pessoas, através das páginas, e as que aprendem as lições não se machucam do mesmo modo que aquelas que jamais desvendam o poder dos livros.

Certamente milhares de pessoas, ao lerem neste livro que trabalhei, por exemplo, como gari e passei por uma série de

MENTE DE VENCEDOR

dificuldades, vão pensar: "Puxa, se ele passou por tudo isso e não desistiu, eu também posso conseguir. E a melhor parte: ele já mostrou os atalhos, seus erros e seus acertos".

> LIVROS AJUDAM A CICATRIZAR A ALMA, E ATIVAM OS MECANISMOS DE DEFESA CONTRA OS PROCESSOS DE ACOMODAÇÃO E DESISTÊNCIA PELOS QUAIS TODO SER HUMANO VAI PASSAR.

Livros nos ajudam a realmente passar por eles, e não permanecer nesses processos. Eles engrossam nossa casca. Assim, aguentamos mais as pancadas que a vida, de qualquer modo, vai nos dar.

Por isso, livros e cicatrizes são os melhores treinamentos para o sucesso. Curam feridas culturais e abrem caminhos para a evolução, como aconteceu comigo; da honrável profissão de gari à missão de vida, como professor, escritor e palestrante, depois de ter feito graduação e pós-graduação na faculdade, e, claro, lido centenas de livros.

> VOCÊ PRECISA SER FORTE EXATAMENTE QUANDO PENSAR QUE NÃO TEM MAIS FORÇAS.

Winston Churchill disse, certa vez, que "Sucesso é a capacidade de se mover de um fracasso ao outro, sem perder o entusiasmo". Provavelmente, ele se referia à casca grossa que todo ser humano precisa ter diante dos inevitáveis fracassos pelos quais todos passaremos.

Eu me recordo que a vovó dizia: "Você não pode ser molenga, Paulinho, senão a vida vai ser dura com você". Pensando bem, algo muito parecido com o que Churchill dizia, só que à maneira dela!

PROF. PAULO SÉRGIO BUHRER

Ela chamava de molengas as pessoas que não aguentam muita pressão e os desafios do cotidiano, que possuem pouca resistência diante das dificuldades.

Mas eu quero dizer a você que já se passaram mais de 30 anos que ela dizia isso. Naquele tempo, era suficiente não ser molenga para que a vida não batesse tão pesado. Hoje, as coisas mudaram. Mesmo que você seja durão, a vida tende a ser bem dura do mesmo jeito.

Praticamente, ninguém progride na vida ou se reergue de situações que não estavam sob seu controle, sem ter uma forte capacidade de focar-se mentalmente a compreender que se não deu certo desta vez, é preciso recomeçar.

> FICAR CONCENTRADO NO QUE DEU ERRADO SÓ FARÁ NÃO DAR CERTO DA PRÓXIMA VEZ TAMBÉM.

E mesmo em momentos em que tudo parece estar sob seu comando, fatores externos podem influenciar a sua capacidade de recuperação. Portanto, não dá mais para apenas não ser molenga. É preciso ser duro na queda!

Uma separação conturbada, problemas financeiros, no trabalho, nos negócios ou de saúde podem trabalhar de forma contraproducente aos seus projetos de vida, minando sua energia para avançar, ou sua disposição para agir novamente depois de prováveis falhas e erros.

> PARA SUPERAR MOMENTOS DIFÍCEIS, VOCÊ VAI PRECISAR DE UMA CASCA GROSSA, E ELA TEM DE SER MAIS DURA DO QUE OS GOLPES QUE VÃO ACERTAR EM VOCÊ.

Parece que estamos dentro de uma panela de pressão. As empresas querem que você dê

MENTE DE VENCEDOR

mais resultados, no menor tempo possível, com mais qualidade. Se você é chefe, os diretores e acionistas pressionam para que seu pessoal faça mais com menos. Se você é liderado, seus chefes precisam transferir à pressão que recebem, a alguém que, no caso, é você.

Se não está trabalhando, a pressão é de todos à sua volta para que arranje trabalho rápido, pois as contas não param de chegar. Isso, com frequência, vai adiando seu sonho de trabalhar naquilo que gosta de fazer.

Diante disso, você mesmo aumenta a pressão, pois se estiver trabalhando quer que sua carreira ascenda em alta velocidade, ou, desempregado, acaba aceitando qualquer trabalho para não piorar a situação financeira.

Pode ser, ainda, que devido ao seu comprometimento com os resultados que a empresa pede você não esteja conseguindo equilibrar seu tempo, doando-se pouco à relação afetiva, e seu parceiro ou parceira faz cobranças.

Talvez perceba que deve passar mais tempo com os filhos, dar a eles mais atenção, cuidar deles, educá-los, amá-los, para que tenham um futuro promissor, e longe de tanta coisa ruim disponível na atualidade.

Porém, quando você não se compromete com a empresa, e não dá os resultados que esperam, raramente consegue crescimento profissional, e aí a pressão vem de dentro de casa, pois os sonhos vão sendo adiados, e, às vezes, é difícil até mesmo para manter os compromissos básicos.

Você, então, não sabe bem ao certo se escolhe as dificuldades advindas de sua enorme dedicação ao trabalho, ou, se aquelas que surgem pela falta desse comprometimento.

Realmente, toda essa pressão é só para quem tem uma casca grossa.

PROF. PAULO SÉRGIO BUHRER

E aí você pergunta: o que é essa casca grossa, e como conquistá-la?

Ela é a sua capacidade de se tornar mais resistente cada vez que a pressão e as dificuldades aumentam. A mente do vencedor é resistente quando é colocada diante de problemas difíceis. Ela é como o ouro: quanto mais calor, mais pressão, mais valiosa ela fica.

Algumas pessoas, diante da pressão, do calor das dificuldades, derretem, se encolhem. A pessoa com mente vencedora se torna mais valiosa, porque é resistente diante das adversidades. Ela consegue se tornar melhor, mesmo depois de cada episódio difícil pelo qual passa. Aliás, como vimos, ela adora o que é difícil, pois sabe que pouquíssimas pessoas aceitam tamanhos desafios.

Por isso, eu admiro muito a profissão dos bombeiros. Você já notou o quanto eles são focados naquilo que fazem? Geralmente tudo está desabando quando eles são chamados. Fogo, água, pressão, sofrimento, brigas, fraturas, morte iminente, tudo isso faz parte da profissão dos bombeiros. Já imaginou se eles não tivessem uma casca grossa, como reagiriam diante do caos? Certamente muitas vidas seriam perdidas se os bombeiros fossem frouxos.

Um bombeiro não tem tempo para lamentar a crise, as dificuldades. Ele fica focado nas possibilidades, alternativas de como resolver a situação para a qual foi chamado. Na verdade, ele tem de ficar mais forte ao enfrentar as adversidades. Mesmo diante do caos, de tudo caindo ao seu redor, ele avança. Ele foca seus pensamentos, suas crenças, seu desejo de ajudar, sua energia e força, para salvar, ainda que seja apenas uma vida. Inclusive, arrisca a própria vida para salvar a de outros.

É preciso muita coragem para decidir ser bombeiro, uma das profissões mais respeitadas do mundo, com merecimento.

MENTE DE VENCEDOR

> O VENCEDOR TEM A MENTALIDADE DE UM BOMBEIRO. AINDA QUE TUDO ESTEJA DESMORONANDO DO SEU LADO, ELE OLHA PARA FRENTE.

Se as notícias são de crise, ele faz o processo de filtragem mental, e sai para trabalhar, olhando a oportunidade de crescer. Se restar apenas uma chance do seu projeto dar certo, é nessa chance que ele se agarra, como um macaco agarrado ao único galho que lhe garante não cair nas garras do seu predador. A pessoa vencedora vai até o final, até dar certo. Ela sabe trabalhar sob pressão. Afinal, compreende que o mundo é isso.

> O VENCEDOR APRENDE A LIDAR COM A PRESSÃO. ELE SABE QUE SUCESSO SIGNIFICA ESTAR APTO A RESOLVER PROBLEMAS CADA VEZ MAIS DIFÍCEIS.

Foi por isso que você aprendeu, no passo 3, o processo de filtragem mental. Com ele, você se blindou do que vem do mundo externo, aprendendo a reciclar seus pensamentos e crenças, para reformular os acontecimentos de maneira positiva. É esse processo que permite, agora, você ter uma casca grossa para responder e reagir a esses eventos. Mesmo quando tudo estiver complicado, difícil, aplicando o processo de filtragem, você continua firme, e sai desses momentos melhor do que entrou.

Lembra-se do filme do Capitão América? O que ele fazia quando algum perigo vinha em sua direção? Ele colocava seu escudo protetor na frente, e o perigo era repelido. É assim que funciona a mente de um vencedor: ele tem um escudo, que é sua casca grossa. Quando o perigo se aproxima, a pessoa com mente vencedora tem uma proteção mental muito forte, e é capaz de enfrentar e de rebater o perigo. Como está blindado interiormente, por saber filtrar os acontecimentos, suas ações e reações são sempre em busca de soluções, alternativas e oportunidades.

O mundo corporativo precisa, urgentemente, de pessoas com essa casca grossa, com uma mente de vencedor. Carecemos de pessoas, sejam elas líderes, colaboradores, empresários, que tenham a capacidade de mudar o cenário caótico que se apresenta em dado momento, ajudando a mudar, também, o estado mental de todos à sua volta. São essas pessoas que farão a engrenagem do sucesso girar na direção correta.

São líderes com mente de vencedor que tornam a vida dos liderados melhor. Eles mudam o estado mental da equipe, promovem progresso, criam oportunidades para o crescimento, sem se esquecer de que as empresas esperam lucro. Eles são capazes de criar sonhos onde imperava o conformismo. Resgatam coragem onde o medo dominava.

Vendedores com essa casca grossa vendem experiências inesquecíveis aos seus clientes. Eles sabem que o cliente paga pelas experiências que tem na hora do atendimento, e não só pelo produto ou serviços. Esses vendedores adoram atender clientes difíceis, que outros se negam a atender. O vendedor sabe que é nessa hora que a sua luz brilha. Enquanto quem não tem a casca grossa foge dos clientes difíceis, o vendedor que a possui vende para esse cliente e ambos realizam seus sonhos.

Eu admiro quem tem a casca grossa. Num mundo onde pedem para que sejamos fortes, mas que o tempo todo nos incentivam à fraqueza, é essa casca que nos protege quando tudo está desmoronando, pegando fogo. É essa casca grossa que nos faz avançar quando todos estão regressando.

   MENTE DE VENCEDOR

Mas não imagine que o nome casca grossa significa ser uma pessoa sem sentimentos, insensível ao que acontece com as outras pessoas ao seu redor. É completamente o contrário. São pessoas altamente sensíveis, amáveis, com um coração enorme, e muito amor ao próximo.

São empresários que, mesmo milionários, continuam gerando mais e mais empregos. Em vez de viver de renda fácil, eles colocam a mão na massa, correm riscos trabalhistas, enfrentam dificuldades com clientes, porque o coração deles é maior do que o bolso.

São diretores de empresas, altos executivos, que esticam a mão para ajudar quem está em níveis hierárquicos mais baixos. São colaboradores extremamente competentes, que apoiam aqueles que estão começando.

Todas as pessoas com casca grossa que conheço, além das qualidades que você já viu, possuem três atitudes muito especiais, que são: generosidade, capacidade de superar perdas e saber valorizar o que mais importa. Vamos estudar cada uma delas.

Generosidade

"... que adianta ao homem ganhar o mundo inteiro e perder sua alma?"

Este é um dos maiores ensinamentos que vi na Bíblia. Porém, quando penso em alma, não penso meramente no sentido imaterial, invisível, místico dela. No mundo físico, material, perder a alma pode significar perder a paz de espírito, o amor, o respeito e a admiração das pessoas. E você perde isso quando deixa a generosidade de fora da sua vida, sem repartir o que tem, seja a riqueza, o conhecimento, a felicidade.

Por isso, temos de ter todo cuidado para não perdermos nossa alma aqui na Terra, por não saber dividir

PROF. PAULO SÉRGIO BUHRER

tudo o que a vida nos proporciona. Jamais devemos deixar faltar generosidade e solidariedade em nossa vida.

> QUEM CONQUISTA AS COISAS POR MÉRITO, NÃO DEVE NADA A NINGUÉM. MAS ISSO NÃO PODE IMPEDIR A PESSOA DE SER GENEROSA E DE AJUDAR QUEM PRECISA.

Se você quer se sentir bem e realizado de verdade, ajude uma pessoa, seja generoso. Deixe mais seu coração no comando na hora que for provocado a ajudar.

É um furacão de boas sensações ajudar alguém. Esse bem-estar é cientificamente comprovado, um gerador de neurotransmissores que saem do cérebro e vão para o corpo todo, aliviando estresse, ansiedade e dão mais energia, alegria e prazer de viver. Essas já seriam razões extraordinárias para praticarmos a generosidade.

Num mundo cada vez mais competitivo e exigente, quem consegue reduzir estresse, ansiedade e ganhar alegria, energia, paz, por meio da generosidade, estará mais propenso a superar as dificuldades, do que aqueles que passam a vida estressados, ansiosos e brigando com o travesseiro.

Uma das coisas mais fantásticas que aprendi com a minha avó foi ser generoso. Ter esse senso de generosidade afasta de você a ganância, que hoje, sem dúvida, é o mal do século.

> NÃO É O ESTRESSE, A DEPRESSÃO, O TRÂNSITO. O MAL DO SÉCULO É A GANÂNCIA. E ELA É O MAIOR MAL DE TODOS OS TEMPOS, E SEMPRE SERÁ.

Por isso, ser generoso, cura você desse mal, que causa brigas, intrigas, guerras, separações

MENTE DE VENCEDOR

conjugais e societárias, gera tristeza, dor, sofrimento e deixa você com uma casca fina.

Recordo que todos os meses em que a vovó recebia sua aposentadoria, íamos a um barzinho próximo de casa, para eu tomar uma garrafinha de Coca-Cola. Era um momento muito especial que adorávamos compartilhar.

Mas, certa vez, quando estávamos chegando ao bar, uma senhora se aproximou com o filho no colo e pediu ajuda à vovó. Ela olhou para mim, olhou para a mulher com seu bebê e me disse: "Sabe, Paulinho, vou fazer a melhor limonada da sua vida, com os limões do nosso limoeiro lá de casa", e deu o dinheiro àquela mulher.

Lembro que, na época, não achei nada interessante a atitude dela. Porém, se você me perguntar de todas as vezes em que fui beber Coca-Cola qual delas mais tenho alegria em lembrar é dessa. Não tomei refrigerante, mas tomei a maior lição de vida. Aquela atitude da vovó me ensinou, num só golpe, o poder da generosidade.

A partir daquele momento, percebi que a ciência da matemática não combina com a vida. Na matemática, quanto mais você acumula, mais você tem. Na matemática, se você tem dois pedaços de pão, e ganha mais dois, fica com quatro, ou seja, multiplica os pães que você tinha.

Porém, na vida, quando você tem dois pedaços de pão, e corta cada pedaço ao meio, dividindo-os, você também fica com quatro. Se você tem dois pedaços de pão e divide cada pedaço em quatro, fica com oito pedaços.

No começo, quando decidimos apenas acumular coisas, nos sentimos bem, seguros, confortáveis. Isso acontece, porque, inicialmente, esse acúmulo pode ser apenas de coisas boas, como o dinheiro, por exemplo. No entanto, com o passar do tempo, o acúmulo exacerbado de bens e dinheiro, sem

PROF. PAULO SÉRGIO BUHRER

generosidade, pode trazer outros fardos, como: o medo, o distanciamento dos amigos de verdade, a privação da liberdade, o receio de perder o que conquistou. Esses fardos geram sintomas como angústia, tristeza, estresse, ansiedade, que levam, inclusive, a problemas físicos, como gastrite, úlcera, dores de cabeça sem motivo aparente.

E qual a diferença em repartir?

É simples: quando a pessoa é gananciosa, terá de carregar essa carga pesada sem ninguém para ajudar. A tendência é que fique rodeado de pessoas gananciosas também. Com isso, só duas coisas podem acontecer: ou elas tomam o que a pessoa gananciosa conseguiu, ou vão embora se não conseguirem tomar.

Já quando você aprende a ser generoso, poderá dividir os pesos da vida com pessoas que realmente se importam com quem você é, e não com o que você tem.

A problema não é, nem nunca será, ter dinheiro e posses o bastante para encher o Maracanã. Todos podem ser ricos. Isso é ótimo. A riqueza é fantástica. O problema dela é apenas quando está acompanhada de ganância, avareza, sovinice. A parte ruim da riqueza é quando a pessoa batalha a vida inteira para ser o morto mais rico do cemitério, como se, em vez de ser enterrada num caixão, pudesse ser colocada num cofre do banco, ao lado do seu dinheiro.

Quem é generoso, solidário, deve fazer questão de ganhar bastante dinheiro, pois assim vai conseguir ajudar mais e mais pessoas, repartindo o que tem.

Claro que você não precisa ser rico para começar a repartir. Até a pessoa mais pobre do mundo tem algo a dividir. Se não pode doar dinheiro, com certeza pode doar tempo, experiência para aqueles que precisam. Todos nós podemos pôr em prática a generosidade, oferecendo o que temos a quem não tem.

 MENTE DE VENCEDOR

Reparta, divida, seja generoso. Revire o guarda-roupas e distribua as camisetas e calças que não usa mais, no entanto, estão ali guardadas, cheias de poeira, mesmo tendo uma multidão à espera de um milagre no frio do inverno. Quando vir alguém menos favorecido que você, ofereça ajuda financeira se puder. Se o dinheiro estiver curto, ofereça um pouco do seu tempo, converse por cinco minutos com essa pessoa. Quem sabe ela só queira se sentir importante, e que não é invisível à sociedade.

Mas há outra razão maior pelo qual você deve repartir. Já falamos sobre a lei da atração, no capítulo dos pensamentos positivos, não é? Pois é, ela também funciona quando você é generoso. Se você reparte o que tem, o universo vai conspirar a seu favor, para que outras pessoas também repartam com você o que elas possuem.

Isso não significa que se você der cinquenta reais para um catador de papelão, alguém vai surgir, como num passe de mágica, e lhe dar cinquenta ou cem reais. O que vai acontecer é que o universo vai mover pessoas e negócios para a sua vida, que vão lhe trazer trabalho, oportunidades, e se você agir vai ganhar muito mais do que deu. É o seu "pedaço de pão" que foi repartido, e agora está se transformando em mais e mais pedaços.

Sempre que eu ajudo alguém, quase que instantaneamente ganho mais. Lembro-me de uma vez em que eu havia perdido um cliente bastante relevante para o orçamento da nossa empresa, na época. Era um cliente que rendia cerca de 40 mil reais anualmente.

A primeira coisa que me passou pela cabeça é que eu tinha, então, 40 mil a menos no bolso. No entanto, logo que recobrei a consciência, decidi dobrar o pagamento de uma doação que, mensalmente, eu fazia para determinada instituição.

PROF. PAULO SÉRGIO BUHRER

Extraordinariamente, no mesmo dia, à noite, uma de minhas alunas me informou que o dono da empresa na qual ela trabalhava pediu a ela que marcasse uma reunião comigo, visto que ela sempre falava dos meus serviços para ele. A empresa estava com problemas tributários, pagando mais impostos do que deveria. Como eu conhecia bem o sistema tributário, ela havia me indicado.

No fim das contas, fechei um contrato anual superior ao cliente que havia perdido, além de serviços extras de revisão tributária que garantiram também um ótimo retorno.

Isso sempre acontece comigo, desde o dia em que percebi o poderoso valor da generosidade, da capacidade de se doar mais, mesmo quando tudo indica que você deve fazer o contrário.

Alguém já me disse: "Mas então você está usando Deus para obter favores?". Respondi: "Bem, além de ser Deus quem nos usa, você pede ajuda a quem? A Deus ou ao diabo?".

Quando você aprende a dividir, o universo, ou Deus, como gosto de chamar, conspira a seu favor. E não há como não ter casca grossa, se é Ele quem está do seu lado.

Superação de perdas

Além de aprender a repartir, você também deve aprender a perder. Sim, aprender a perder.

Muita gente não quer perder nem numa disputa de par ou ímpar. Porém, a vida sem perdas seria um caos. Já imaginou se não perdesse os dentes de leite, para que pudessem nascer os dentes permanentes? E se não fosse capaz de perder o orgulho para pedir perdão a alguém a quem fez mal?

Há perdas que são necessárias na sua vida, porque elas se tornam ganhos depois. Perder um emprego no qual você é humilhado e recebe um salário injusto não é uma perda, é um ganho. Perder alguns amigos que só queriam você quando era para as festas, mas não nos momentos difíceis não é uma perda, é uma bênção. Conseguir se livrar daqueles colegas de escola que ofereciam drogas a você na época de adolescente foi a melhor perda que poderia ter acontecido na sua vida.

Perder a raiva, o rancor, a ganância, são perdas valiosas.

Perder a noção do tempo por estar ao lado das pessoas que você ama é um ganho imensurável para a sua qualidade de vida e paz de espírito.

O que você precisa aprender a perder, para ganhar depois?

Conheço muita gente que só depois de perder amigos errados, um trabalho sem graça, uma empresa falida, um parceiro ou parceira insensível, é que conseguiram, realmente, viver e construir algo de valor na vida.

Certa vez, um pássaro empreendeu voo quando avistou um rato morto. Ele desceu até o rato e cravou suas garras nele, voando para o alto e avante. De repente, vários outros pássaros começaram a bicá-lo, sem ele entender a razão, pois eram amigos. Quanto mais ele voava, mais os outros pássaros o bicavam. Repentinamente, sem perceber, o rato que ele havia pego caiu. No mesmo instante, os pássaros pararam de bicá-lo e foram atrás do rato morto. Ele recobrou as forças, e mais adiante encontrou um saco de alpiste perdido na floresta, e pode aproveitá-lo por um longo período, levando também para seus filhotes.

Enquanto você se recusar a perder os ratos mortos da sua vida, pode ser que nunca consiga ser feliz e fazer o sucesso que merece. É preciso saber perder, largar os ratos mortos. Se não fizer isso, vão ficar bicando você por causa desses ratos. Se não os largar, você acabará se machucando, desnecessariamente.

Eu sei como é difícil perder as coisas. Ninguém fica feliz, inicialmente, quando perde.

Há casais que criam uma relação conturbada, cheia de brigas, ofensas, discussões, mas, aprendem a viver assim, torcendo apenas para sofrer menos. Passam a vida num

PROF. PAULO SÉRGIO BUHRER

vai e vem interminável, que só os magoa cada vez mais. Deveriam concluir que o mais apropriado é um perder o outro, para que possam viver em paz novas relações ou, como costuma acontecer, um perceber que, de fato, ama o outro, e que precisam, ambos, mudar para que a relação seja alegre e propicie a felicidade conjugal.

Isso também acontece na relação profissional. Há pessoas dependentes dos gritos dos chefes, das indelicadezas dos superiores no trabalho. Algumas até acham estranho quando o chefe diz bom dia, imaginando que ele está preparando o terreno para dar chicotadas mais fortes na sala de reunião.

Como se tornaram dependentes do salário, devido às obrigações financeiras que assumiram, ou à falta de preparo para arranjar um novo emprego, vão levando a vida profissional humilhação após humilhação, sem notar o quanto manter esse emprego está acabando com a chance de ter uma vida digna e feliz.

O tempo passa e elas estão há dez, quinze anos na mesma empresa, apenas lamentando as ofensas, xingamentos, aguentando tudo de cabeça baixa. Precisam ter coragem para romper essa relação profissional. Mesmo que, financeiramente, tenham alguns problemas a princípio, passado algum tempo, começariam a viver uma nova vida profissional, com mais expectativas e respeito à sua dignidade. Talvez não ganhem tanto quanto antes em termos financeiros, mas o saldo da conta da dignidade estará transbordando.

Veja, não estou dizendo para você se separar, nem para esmurrar seu chefe. Estou dizendo para você aprender a perder para conquistar alguma coisa melhor depois.

Às vezes, é preciso perder aquilo que aparentemente o protege. Seja um emprego, uma empresa, um patrimônio ou alguém.

MENTE DE VENCEDOR

Quantos empresários só conseguiram sucesso depois que foram demitidos de um emprego de décadas. Sofreram tanto quando foram demitidos que acharam que a vida profissional tinha acabado. Porém, decidiram que não deixariam a peteca cair e recomeçaram, aos trancos e barrancos. Com muito esforço, determinação, superaram o que parecia intransponível e construíram grandes negócios. Quantos casais só conseguiram ser felizes depois que cada um foi para um lado e encontrou novos parceiros. Quantos filhos só cresceram quando saíram debaixo das asas dos pais.

Aprender a perder não quer dizer aprender a se conformar com as perdas. Representa, apenas, que há perdas que fazem todo o sentido depois de um tempo, e que servem para levar você mais adiante. Se não tivesse perdido, teria estagnado ou regredido.

As pessoas de sucesso e que são felizes conseguem se livrar de pesos e dos ratos mortos que carregavam. E com o tempo descobrem uma nova vida, e o quanto algumas perdas podem significar ganhos mais tarde.

Saber valorizar o que mais importa

> UM DIA AS ROUPAS CARAS, OS CARROS IMPORTADOS E A OSTENTAÇÃO VÃO DEIXAR DE SER A PARTE MAIS IMPORTANTE DA VIDA. AO MENOS PARA AQUELES QUE DESCOBREM O VERDADEIRO SENTIDO DE VIVER.

Quem descobre isso, o quanto antes viverá a plenitude da felicidade por mais tempo, e de forma mais intensa.

Aprendi a valorizar ainda mais as coisas simples, e as pessoas especiais, quando passei por dois períodos muito difíceis, ao ter de acompanhar meu pai e minha avó num leito de UTI.

PROF. PAULO SÉRGIO BUHRER

Acredito que quem passa por situações como essas aprende a valorizar cada instante da vida que leva hoje. Certamente deixam de reclamar por bobagens e notam que os problemas e dificuldades que enfrentam são quase insignificantes.

Ficar ali, sem ter qualquer poder ou capacidade de mudar o destino, mostra o quanto somos vulneráveis. Não é mais uma questão de dinheiro. A ambição some, o saldo no banco não é mais tão importante e o carro de luxo estacionado lá fora não vai ajudar a salvar a vida de quem está no leito, balbuciando pela vida que escapa pelos tubos de oxigênio.

A roupa de grife não gera mais ou menos saúde, o sapato italiano não diminui, nem aumenta o sofrimento.

Problemas urgentes viram coisas banais e que podem ficar para depois. Saques, retiradas, depósitos, envio de e-mails, cheques a preencher, nada disso faz sentido, nesse tempo interminável de espera, para entrar e ficar, quem sabe, os quinze últimos minutos com quem se ama. Tudo o que ainda há para ser feito pouco importa nessas horas. O que se passa na cabeça é o que deveríamos ter feito, mas não fizemos. Aquele passeio no parque, aquela sobremesa que a pessoa mais gostava, o jantar tão esperado, a visita que deveríamos ter feito, são pensamentos assim que nos acometem nesse momento.

Deus nunca é tão lembrado como nessas horas. Ateus se convertem, evangélicos apelam para os santos, católicos fazem promessas impagáveis, budistas ajoelham-se pedindo uma mãozinha para Cristo... Vale tudo e todo tipo de oração. A fé vai do grão de mostarda ao caroço de abacate em segundos. Parentes e amigos que não se viam, ou nem sequer se falavam, abraçam-se, numa corrente de energias positivas. Desculpas, perdão e carinho surgem das cinzas. As feridas do passado cicatrizam-se em minutos. Tudo isso

MENTE DE VENCEDOR

é necessário. Mas poderíamos aprender a valorizar o que realmente importa fora de um ambiente como esses. Poderia ser bem menos doloroso, menos sofrido. Contudo, muitos só dão valor às pequenas coisas, e às pessoas que realmente têm valor, em momentos como esses.

Eu já fiquei duas vezes nesse lugar. Uma vez com meu pai e outra com a minha avó. E já acompanhei amigos meus na mesma agonia. É incrível como qualquer rangido de porta pode ter um significado diferente. Cada médico, enfermeiro que sai passa uma mensagem aterrorizadora. Você nunca sabe o que pensar. Sua mente quer pensar no melhor, mas o que mais ela imagina é o pior. Cada pessoa que sai lá de dentro da UTI parece um anjo, ou um mensageiro da desgraça. Você fica na torcida para que seja o anjo.

Do lado de fora, enquanto aguarda, imagens boas invadem sua memória. O choro vem fácil. A esperança ganha forças, contudo, a falta dela aparece sorrateiramente e vai tomando conta de tudo. As imagens boas vão sendo substituídas por remorso, arrependimento, e uma vontade de não ter dito tanta coisa à pessoa que está lá dentro, e mudar o que foi dito por "você é muito importante para mim, amo e admiro você". Dizer que as brigas, as discussões não foram nada demais, e que você já perdoou e pediu perdão pelas ofensas, mágoas, e pelas vezes que não abraçou e não beijou o quanto deveria.

Isso é desnecessário. Quem está lá dentro, provavelmente, também está pensando o mesmo, ainda que não possa, talvez, pronunciar uma só palavra.

Das duas vezes que estive nessa situação, quem eu mais amava não saiu com vida. Mesmo assim, elas me ensinaram a procurar, todos os dias, pôr em prática o que eu pensava enquanto esperava notícias.

As palavras da minha avó, na UTI, foram: "Que bom

que você perdoou sua tia, obrigada, meu filho", e beijou minha mão antes de morrer.

Eu havia tido um desentendimento com minha tia, mas tive a grata honra de pedir perdão a ela diante do leito de UTI em que minha avó estava. Abraçamo-nos, e então a vovó me agradeceu e cerrou os olhos para sempre.

As palavras do meu pai foram: ...

Ele apenas piscava os olhos uma ou duas vezes, conforme eu o instruí, dizendo que uma piscada era para SIM, e duas eram para NÃO.

Quando perguntei se ele sabia o quanto eu o amava, ele piscou uma vez. Ficou sem piscar por alguns instantes, então entendi que ele queria saber qual era a minha resposta para a mesma pergunta dele, ou seja, se eu o amava. Também pisquei uma vez, e ele esboçou um leve sorriso, engoliu a saliva e foi a última vez que eu o vi respirando.

Sei que você compreendeu o valor de ficar às portas de uma UTI esperando notícias, e sabe que não precisa disso para valorizar o que e quem realmente importa em sua vida.

Toda vez que estiver reunido com pessoas especiais, valorize a presença delas. Aposto que suas relações nunca mais serão as mesmas.

MENTE DE VENCEDOR

CUIDE DAS SUAS PEQUENAS SEMENTES

Se você semeou sonhos grandes, precisa, antes de eles brotarem, valorizar aquilo que já conquistou na vida.

Você já notou como as pessoas nunca estão satisfeitas? O carro nunca satisfaz. O cargo na empresa nunca é tão alto. O lucro não é o quanto foi planejado. A equipe nunca é a melhor. A mulher nunca se acha magra o suficiente. O homem nunca se sente másculo como gostaria. Nada do que as pessoas têm parece tão bom quanto o que elas ainda não conseguiram. É maravilhoso querer mais da vida, mas é preciso valorizar o que se tem.

> APROVEITAR CADA COISA QUE VOCÊ JÁ CONSEGUIU, CADA ETAPA DA VIDA, É FUNDAMENTAL PARA CONQUISTAR AQUILO QUE VOCÊ SONHA.

Os seus sonhos, os seus objetivos, o que é novo, tudo isso é futuro. E para que esse futuro aconteça, um dos primeiros passos é cuidar do que você tem agora no presente.

> TUDO O QUE VOCÊ TEM É A SEMENTE PARA AQUILO QUE VOCÊ DESEJA.

PROF. PAULO SÉRGIO BUHRER

> Quem sonha grande precisa estar consciente de que, entre o seu sonho e aquilo que vive agora, há algo preciso a ser cultivado: a paciência. É preciso dar tempo para que a semente que você plantou dê frutos. Sonhar grande, sem saber esperar o tempo necessário, é um convite rápido às frustrações e desistências.

Minha mãe faleceu quando eu tinha dez meses de vida, vítima de um câncer no seio.

Fico imaginando a dor de uma mãe, observando seu filho tão novinho, e com a certeza de que não o veria crescer. Ela não poderá trocar suas fraldas por muito tempo, nem o acompanhará nos seus primeiros passos. Ela nunca o empurrará na bicicleta, e não vai poder protegê-lo à noite quando ele tiver medo do escuro. Ela não poderá segurar em sua mão para levá-lo à escola no primeiro dia de aula, nem aconselhá-lo quando for preciso. Os beijos e abraços que ela conseguir dar antes de sua morte não serão nada comparados aos que ela não poderá dar.

Não será permitido a ela observar as mudanças que a criança terá na jornada da vida. Nunca ela conseguirá andar com ele pela rua, de mãos dadas, mostrando seu filho amado para seus amigos. Quando alguém o tratar mal, ela tem a certeza de que não poderá defendê-lo. Não correrão juntos pelo jardim, nem vão brincar um com o outro de pega-pega. Essa mãe não terá, sequer, saúde para acompanhá-lo por esses dez meses de vida que ainda lhe restam.

Essa mãe não verá seu filho crescer, brincando com os amigos, nem fará almoço ou preparará um café da manhã para ele. Ela não penteará seus cabelos nem os enrolará por entre os dedos fazendo um cafuné no sofá. Não, tudo o que Deus deu para essa mãe foram dez meses junto com o filho. Nada mais.

 MENTE DE VENCEDOR

Mas sabe o que a minha avó me contava sobre esse caso fatídico? "Filho, quando você nasceu, sua mãe logo me disse que não conseguiria cuidar de você. Ela já sabia que estava doente. Então ela o abraçou, beijou-o, segurou um pouco em seu colo e agradeceu muito a Deus por você ter nascido com saúde, e por ela ter cumprido sua missão aqui na Terra. Depois de dez meses ela morreu. Alguns dias antes, ela me chamou e perguntou se eu daria conta de cuidar de você. Falei que sim. Ela sorriu, ergueu as mãos para o céu, e lentamente dormiu. Pouco tempo depois, ela faleceu".

Pelo que sei, minha mãe nunca reclamou uma vez sequer por sua doença, e por ter de deixar um filho recém-nascido, sem saber como seria seu futuro. Tudo o que ela fez foi pedir para alguém que ela amava que cuidasse do seu bebê.

Acredito que ela cumpriu sua missão.

Ela poderia ter maldito o dia em que soube da sua doença e que teria de deixar o filho para que outros cuidassem. Teria o direito de mal agradecer a Deus, e até culpá-Lo por aquela tragédia. Mas não, tudo o que ela fez foi encontrar alguém que pudesse dar àquela criança os cuidados que jamais teria condições de oferecer.

Eu também nunca reclamei por não ter tido a companhia dela. Adoraria tê-la conhecido melhor. Amaria receber seus carinhos no meu rosto e ouvir seus conselhos de mãe. Me sentiria feliz se ela pudesse ter acompanhado minha história e participado ativamente dela. Às vezes, sinto um vazio de algum tipo de amor. Mesmo tendo recebido todo o amor do mundo da vovó, talvez minha memória celular ainda implore e sonhe com o amor daquela mãe que se foi. Porém, não eram esses os planos traçados para nós. E nada do que me tornei teria sido igual, não fosse esse episódio, inicialmente, muito doloroso e incompreensível.

PROF. PAULO SÉRGIO BUHRER

Nunca vi meu pai reclamar uma vez sequer pela morte da minha mãe. Meus irmãos mais velhos, e as demais pessoas que o conheciam na época, dizem que a única preocupação que ele tinha era saber como cuidar de cinco filhos sozinho. Sem alternativa, entregou três para que outras pessoas cuidassem, sendo um deles eu, que já tinha sido destinado a vovó.

Certamente, ele também teria todos os motivos do mundo para maldizer o dia em que ela morreu. Com quem deixaria aquelas crianças, uma delas com dez meses de vida? Muitos teriam reclamado, esbravejado e gritado que aquilo era injusto. Mas ele não fez nada disso. Tudo o que ele fez foi se calar, e se tornar uma pessoa mais reservada. No entanto, continuou sua vida da maneira que pode, indo de vez em quando visitar os filhos que entregou para que outros cuidassem.

O que acontece com você, no momento e no lugar em que acontece, é exatamente o que deveria acontecer. À maneira como irá reagir – aproveitando a chance para cuidar dessa semente e colher frutos no tempo adequado, ou se irá reclamar dos fatos –, é a única coisa que faz diferença.

Por isso, não relute contra o sagrado solo do lugar no qual você está agora. Se ele não é o local em que você gostaria de estar, não importa. O que interessa é que se você está nele agora, é ele o lugar em que deveria estar. Mesmo que talvez não seja o lugar que você quer, não jogue sementes ruins, pois se fizer isso elas vão brotar e dar frutos ruins.

Na vida, todas as nossas atitudes são sementes. E todas elas brotam e dão frutos. Não importa o solo em que você as semeia, sempre vai colher alguma coisa. A questão é se essa colheita será boa ou ruim. Depende de quê? Da semente, apenas da semente (atitude).

 MENTE DE VENCEDOR

Por mais difícil que pareça a situação, é exatamente nesse lugar, e como ele está, que você deve dar início à sua jornada de vitórias, plantando só boas sementes, mesmo num solo que não pareça ser o melhor no momento.

Muitas pessoas não sobem os degraus da vida por não serem gratas pelo seu lugar atual, seja o trabalho que têm, a casa onde moram, a mulher ou o homem que têm do lado.

Talvez você seja, hoje, apenas auxiliar de escritório e não esteja satisfeito. Quem sabe tenha que desentupir pias e esgotos e não aguenta mais essa profissão. Pode ser que você seja um professor mal remunerado, um eletricista, mecânico, vendedor, garimpeiro, contador, motorista, chefe de cozinha, cobrador de ônibus, e não esteja feliz, e não consiga enxergar nenhuma chance de melhorar de vida nesse lugar no qual se encontra.

De repente você pode estar em uma união conjugal falida, cujo decreto de fracasso só não foi assinado pelas partes. Pode ser que você viva no mundo das drogas, e nota as pessoas se afastando de você (na verdade, você se afastando delas). Quem sabe seus filhos não seguiram seus bons exemplos e estejam perdidos por aí, o que deixa você com um sentimento de incapacidade, e tem a certeza de que esse lugar não é para você.

Acredite ou não, é exatamente nesse lugar, com isso que possui no momento, que você tem condições de mudar o seu destino, e tudo o que não está dando certo. Reclamar, maldizer e desdenhar do que você tem, e onde se encontra, não o leva ao solo em que quer pisar.

É difícil acreditar nisso, e eu sei o quanto.

Quando trabalhei como gari senti na pele como algumas pessoas podem ser más, e como o lugar no qual estamos não se parece com nada do que sonhamos para a nossa vida. Tudo o que eu mais queria era sair daquele lugar, e quase desisti da profissão por conta de tantas dificuldades.

PROF. PAULO SÉRGIO BUHRER

Suportei indiferença, humilhação, janelas e portas fechadas na cara, como se fosse um bandido pronto para roubar as casas cujas calçadas eu varria. Naquela época, eu nem fazia ideia de que deveria aguentar tudo aquilo, e persistir, mesmo diante só dos cacos da minha dignidade. Depois fui entender que, se tivesse desistido, é que teria perdido a dignidade.

Eu me irritava quase todos os dias com aquela situação. Sentia uma vontade enorme de xingar as pessoas que me tratavam como ninguém, como quando jogavam o lixo na rua logo depois que eu varria. Não parecia um lugar produtivo, capaz de me dar alguma coisa boa. Mas hoje consigo ver que era exatamente lá que eu deveria estar, que era aquele emprego que eu deveria ter naquele momento, e que todas as pessoas, boas e más, deveriam passar pela minha vida.

Era naquele solo que eu deveria plantar as sementes da perseverança, da honra, da dignidade, que pareciam escapar pelas bocas de lobo junto com a sujeira que corria nelas. Era naquele lugar que tudo o que eu mais gostaria de ter já estava ali, só que disfarçado de humilhação, indiferença e baixo salário.

Não faço a mínima ideia de quem eu seria, e do que teria, se tivesse desistido. Quem sabe ainda estivesse no mesmo lugar, reclamando das mesmas coisas, torcendo para, pelo menos, ter uma vassoura que varresse melhor a sujeira.

Eu acredito que você passou, ou possa estar passando, por situações bem complexas, difíceis, e fica complicado enxergar aquela luz no fim do túnel que você ouve as pessoas dizendo que sempre existe. Talvez, tudo o que você vê e tem agora são problemas, desafios que parecem impossíveis de serem cumpridos, dificuldades, pessoas deixando você de lado, inclusive aquelas que você nunca imaginou que pudessem fazer isso. Quem sabe esteja passando por um aperto financeiro, e as contas não param de chegar.

MENTE DE VENCEDOR

Pode ser que a empresa não valoriza seu trabalho, os clientes estão abandonando você, sua equipe parece não ter jeito mesmo, seu par afetivo parece que se esqueceu do amor e do respeito. É possível que seus pais não lhe deem atenção, ou seus filhos não se importem mais com você.

Por isso, você não consegue acreditar que alguém que você nem conhece está afirmando que é nesse lugar que deve estar, e é isso que você merece ter agora. Tudo o que você pensa em fazer é encontrar com esse escritor, e lhe dar umas boas palmadas, para ver se ele entende que seus problemas são maiores e completamente insolucionáveis.

Confesso que eu também pensava que era mentira, e que realmente aquela luz no fim do túnel só pudesse ser um caminhão vindo para me atropelar. Entretanto, eu sei do que estou falando. Essa luz é verdadeira, ela existe mesmo, e tem até nome: ela se chama continuar...

Sim, continuar, apesar de tudo. E você só vai conseguir dar mais um passo adiante se entender e respeitar o lugar onde está, a situação que enfrenta, e tudo o que você tem agora. Pois invariavelmente tudo, exatamente tudo é fruto do que você fez por merecer, por mais que doa saber disso. Ainda que haja interferência da família, dos amigos, tudo o que você tem e é advém das suas escolhas, das suas atitudes a partir de determinada época da sua vida, em que pode decidir o que quer ou não quer fazer.

Enquanto você não assumir que essas escolhas, que são as sementes que você herdou ou plantou, foram direcionando seu destino e seus resultados, nada muda, nada melhora. Desfazer-se das suas sementes e culpar os outros pelo que dá errado na sua vida não faz você avançar, apenas gera um efêmero conforto, que depois se transforma em inércia, e em resultados cada vez piores.

PROF. PAULO SÉRGIO BUHRER

Por isso, é vital que você assuma que seus resultados, bons ou ruins, são fruto das suas escolhas, e comece a valorizar o solo em que está pisando, e tudo aquilo que já conquistou.

Eu só consegui deixar de ser gari porque, mesmo diante de todo tipo de problema, decidi fazer um belo serviço, me doando ao máximo naquele lugar, com o pequeno salário que ganhava. Eu varria a rua com todas as minhas forças. Depois de um tempo, quando as pessoas batiam as janelas e portas na minha cara, eu parava um pouco, olhava para elas, erguia a cabeça e continuava varrendo.

Sabe o que aconteceu? Passados alguns meses, algumas daquelas pessoas já não batiam mais as portas nem as janelas na minha cara. Várias delas vinham até o portão, o abriam e me davam suco, bolo, bolachas. Nunca vou me esquecer de uma senhora que veio até mim e disse: "Quero pedir perdão para você, menino. Eu jamais devia ter imaginado que você era um bandido. Seu trabalho é muito valioso, me perdoe por tanta ignorância".

Aquilo foi incrível. Eu nem me importava mais com quem continuava a bater a porta na minha cara. Tudo o que eu queria era fazer meu trabalho, e ganhar suco com bolo da dona Maria.

Deixei para trás grandes amigos. Uns continuaram sua jornada rumo ao sucesso que buscavam e conseguiram. Muitos deles são hoje empresários de sucesso, diretores de empresas, excelentes profissionais. Outros, infelizmente, quando estou na minha cidade natal, ainda os encontro reclamando da vida, cuja única mudança que tiveram foi a cor da vassoura e do carrinho de gari.

Você percebe a importância de valorizar o lugar onde está, e o que tem no momento? Tudo o que eu tinha era um carrinho e uma vassoura. O lugar que eu tinha era a rua, com toda a indiferença e humilhação

MENTE DE VENCEDOR

de algumas pessoas. Porém, eu precisava estar naquele lugar, com aquela vassoura e com aquele carrinho velho. Eles eram a ponte que me ligaria ao sucesso que conquistei e conquisto todos os dias.

Se a coisa está difícil, persevere. Agradeça e valorize onde está e o que tem. Se seu chefe é um troglodita, agradeça e valorize. É ele quem vai moldar você para enfrentar os momentos duros que a vida ainda vai apresentar, e também torná-lo melhor para o próximo trabalho, e para os novos desafios.

Se os clientes estão indo para a concorrência, procure outros, mas agradeça àqueles que se foram, pelo tempo que ajudaram você nos negócios. Quem sabe essa atitude os faça voltar. Agradeça pela equipe que está liderando, por piores que estejam sendo os resultados. Diga que confia nela, e que sabe que todos têm potencial. Aposte nas pessoas. Provavelmente isso as faça apostar também.

Se seus filhos não respeitam mais você, agradeça pela oportunidade de aprender a educar melhor seus próximos filhos, e reconhecer que também pode ter errado com seus pais. Continue acreditando que eles vão mudar e abra-se ao diálogo, dedique mais atenção à relação de vocês, do que a tevê. Talvez esse seja um grande problema entre vocês.

Se seus pais abandonaram você, agradeça a eles pela chance de ter se tornado independente e capaz de se virar sozinho. Eles ensinaram como você não deve agir quando chegar sua hora de ser pai ou mãe, e perderam a oportunidade de conhecer um ser humano tão especial quanto você.

Se seu parceiro não lhe dá atenção, valorize-o mesmo assim. Se sua parceira parece se importar mais com as unhas do que com a relação entre vocês, agradeça a ela por se preocupar em ter unhas bonitas, mas diga que tudo

PROF. PAULO SÉRGIO BUHRER

o que quer é um beijo e um abraço quando se encontrarem, mesmo que as unhas dela estejam todas encravadas.

O lugar em que você está, e tudo o que tem agora, seja pouco ou muito, é o lugar e o que precisa ter para ir para onde você quer, e ter o que deseja. Tudo isso é a sua semente. Quando você reconhece isso, ninguém é capaz de cortar suas asas, e será capaz de voar mais alto do que pode sequer imaginar, pois qualquer pessoa que cuida bem das suas sementes, vê seus sonhos brotando no solo da realidade.

Respire e inspire gratidão

Imagine se você acordasse hoje apenas com aquilo que agradeceu ontem. Com o que você acordaria? Confesso que, muitas vezes, tenho certeza de que eu acordaria sem nada.

Temos de agradecer sempre. Por coisas simples do dia a dia, e pelas mais maravilhosas conquistas que temos. Precisamos agradecer por onde estamos, pela empresa na qual trabalhamos, por tudo que nos cerca.

Com essa sua atitude de gratidão pelo lugar onde está e por tudo o que tem, você começa a pavimentar a estrada que o levará até onde quer e merece estar, e ter o que quer e merece ter.

Ser grato mesmo quando as coisas não saem do jeito como gostaria não significa que você deva aceitar, passivamente, tudo o que de ruim acontece numa relação pessoal ou profissional.

A questão aqui é valorizar, agradecer e dar o melhor que pode, mesmo num momento delicado da sua vida. Não se trata de se conformar, vendo a vida passar, enquanto espera que um milagre tire você de um lugar que só lhe faz mal.

A semente da ingratidão é coirmã do fracasso. Quando se é ingrato, o mundo, no seu tempo, devolve a ingratidão

MENTE DE VENCEDOR

em forma de problemas, perdas, prejuízos. Frequentemente, vejo pessoas competentes, cheias de habilidades, que não obtém resultados significativos, por serem ingratas.

Quantas vezes, nas quais estou entrevistando candidatos, para cargos importantes nas empresas dos meus clientes, esses candidatos falam mal das empresas pelas quais já passaram. Ou seja, se eu indicar alguém assim para meu cliente, vou ter problemas, pois no dia em que essa pessoa sair da empresa vai falar mal do meu cliente.

Nunca feche uma porta com a semente da ingratidão. Se a empresa na qual trabalhou não era uma maravilha, isso não significa que você tenha o direito de falar mal dela. Isso só vai manchar sua carreira. Agradeça pela oportunidade e siga o fluxo da vida.

Na vida pessoal é a mesma coisa. Quanta gente é ingrata. São pessoas que você ajuda, mas elas vivem lhe dando rasteira, e no dia que você se nega a ajudá-las, se torna a pior pessoa do mundo.

Lembro-me de uma vez em que um aluno me chamou, ao fim da aula, e me pediu dinheiro emprestado. Perguntei se ele estava trabalhando. Respondeu que não. Como eu sabia que ele tinha experiência em contabilidade, falei que conhecia um amigo que tinha um escritório de contabilidade e que precisava de um funcionário. Assim, ele poderia ganhar dinheiro com seu trabalho, e não emprestando de alguém. Na manhã seguinte, recebi um e-mail que continha, exatamente, este texto: "Professor, ontem lhe pedi um empréstimo, e o senhor me disse que me arranjaria um emprego. Agradeço, mas se eu quisesse emprego, não tinha pedido dinheiro. Muito obrigado!"

Tanto a semente da gratidão quanto a da ingratidão se multiplicam, com a diferença de que a da gratidão multiplica as coisas boas, e a da ingratidão, as ruins.

PROF. PAULO SÉRGIO BUHRER

> O PERDEDOR DE HOJE NÃO É, APENAS, AQUELE QUE NÃO REALIZA SONHOS, QUE NÃO CONQUISTA. É, TAMBÉM, AQUELE QUE NÃO É GRATO PELO QUE JÁ TEM. HÁ MILHÕES DE PESSOAS COM MUITO DINHEIRO, MAS, MESMO ASSIM, SÃO PERDEDORAS NO UNIVERSO DA FELICIDADE, DO AMOR, POR NÃO SABEREM APROVEITAR E AGRADECER PELO QUE JÁ POSSUEM.

Que tal você criar, aí na sua empresa, na sua família, o DIA DA GRATIDÃO? Um dia em que você vai ligar para seus clientes, por exemplo, só para agradecer por eles serem seus clientes. Não venda nada, apenas agradeça pela oportunidade que dão a você, aos seus colaboradores, por poderem realizar sonhos, sustentar a família, tendo-os como clientes.

Imagine ligar para seus familiares, uma ou duas vezes ao ano, só para agradecer por fazerem parte da sua vida, por ajudarem você em momentos difíceis. Talvez deva ligar para aquela amiga, aquele amigão do peito, e agradecer por todas as vezes em que ele ou ela emprestaram os ouvidos para você reclamar da vida, contar seus problemas. Pelas vezes que ofereceram o ombro para você chorar.

Aposto um milhão de dólares que com essa simples, mas poderosa, atitude sua você vai melhorar o seu dia, o dia das pessoas para quem ligar, e elas, em consequência, vão melhorar o dia de muitas outras pessoas.

Quando falo sobre ser grato aos clientes nas palestras, alguns empresários e vendedores me dizem que os clientes não valorizam nada disso. Eu respondo: "Não valorizam porque sua empresa não oferece. O dia em que começar a fazer, eles vão colocar você e sua empresa no topo da lista de fornecedores não descartáveis".

MENTE DE VENCEDOR

Em nossa empresa, duas vezes ao ano, temos o DIA DA GRATIDÃO. Nesses dois dias, ligamos só para agradecer ao cliente por estar conosco. O resultado é incrível, sobretudo, quando você faz de coração, e não apenas para manter sua lucratividade.

Ser grato não impede que você tenha problemas. Mas quando a gratidão faz parte do seu cardápio diário, logo que os problemas acontecem, pode contar com o apoio de outras pessoas, pois a gratidão é como um ímã, que atrai mais gratidão.

Quem tem grandes objetivos na vida faz da gratidão sua melhor semente. Tudo fica mais fácil quando você aprende a agradecer. A vida fica mais leve, e alcançar e superar suas metas se torna algo agradável, porque, além de você, o universo, o Criador, e as pessoas estarão ao seu lado.

Pague o mal com o bem

O mundo está cheio de seres humanos que seguem à risca a lei do "olho por olho, dente por dente". Infelizmente, temos visto bilhões de pessoas cegas e banguelas por seguirem essa lei.

Hoje, há três grupos de seres humanos.

No primeiro grupo, estão as pessoas que pagam o bem com o mal. Acredite, elas existem. Por mais bem que recebam, elas não sabem pagar na mesma moeda. A única moeda que possuem é o mal. São pessoas invejosas, avarentas, gananciosas, com o coração ruim. Falta a elas amor, compaixão, paz de espírito, gratidão, generosidade. Falam mal dos outros, porém, são fingidas e se apresentam como "legais". No entanto, pelas costas, elas adoram destruir sonhos, inventar histórias para prejudicar. Quem participa desse grupo, que paga o bem que recebe com o mal, são chamados de MAUS.

PROF. PAULO SÉRGIO BUHRER

No outro grupo, estão as pessoas que pagam o mal com o mal, e o bem com o bem. Geralmente são pessoas menos ásperas que as primeiras. Acreditam que fazem o que é certo, o que é adequado. Afinal, pagam sempre na mesma moeda que recebem. Essas pessoas fazem parte do grupo dos JUSTOS.

Mas há o terceiro grupo. Essas pessoas pagam o mal com o bem. Sim, isso mesmo. Não importa se atiraram pedras nelas. Elas não têm como atirar pedras novamente, pois não sabem armazenar pedras. Elas atiram flores em quem lhes joga pedras. Elas viram a outra face quando alguém bate nelas. Se as roubam, elas perdoam, e constroem novamente sua vida. Quando são caluniadas, sorriem, abraçam o caluniador, e seguem leves seu destino. Ajudam sem requerer nada em troca. São amáveis, delicadas, carinhosas, sensíveis aos outros, ao sofrimento alheio. Compreendem quem erra, e perdoam facilmente. Não guardam mágoas. Sabem o peso de um coração ruim, por isso, carregam um coração limpo e bom. Alguns chamam as pessoas que pertencem a esse grupo de bobos, ingênuos. Mas elas sabem que, assim como o fogo só se apaga com água, e não com mais fogo, em vez de agredirem que as ofende, tratar mal, elas elogiam, abraçam, fazem o bem.

Como é complicado participar desse grupo, não é? À primeira impressão é que o grupo dois, dos JUSTOS, é o mais adequado. Porém, não é. Talvez seja o que dê menos trabalho, porque é fácil pagar o mal com o mal, e o bem com o bem.

Como é chamado o terceiro grupo, daqueles que pagam o mal com o bem? Quem pertence a esse grupo são as pessoas chamadas de FILHOS DE DEUS.

Com a mais absoluta certeza do mundo, confesso que há anos procuro participar desse último grupo. É

MENTE DE VENCEDOR

uma tarefa árdua, difícil, desgastante. Participar do grupo dos JUSTOS é sempre mais cômodo. Infelizmente, tenho certeza de que mais participo dele, do que do grupo dos FILHOS DE DEUS. Mesmo assim, minha luta é para fixar minhas raízes neste último.

Peço isso a você, leitor. Procure participar do grupo três. É por isso que estamos aqui nesta vida. Por mais injustiçados que sejamos, temos de pagar o mal com o bem. Não existe maneira melhor de acabar com o mal do que pagando com o bem.

Se você paga o mal com o mal, o mal só aumenta. Toda vez que você paga o mal com o bem, o mal diminui. E como diz o ditado "água mole em pedra dura, tanto bate até que fura", talvez o mesmo funcione para o grupo dos MAUS. Um dia eles mudam.

Há uma história que diz assim:

"Certa vez, um gerente mau destratou seu subordinado na frente de todos os demais colegas de trabalho. Esse subordinado, que era supervisor, ficou muito chateado e puniu, sem motivos, seu subordinado imediato. Este foi embora, muito bravo, e brigou com a esposa. A esposa, nervosa, com raiva, brigou com o filho. O menino foi para a escola, muito nervoso, irritado, e brigou com um coleguinha de classe. Esse coleguinha esmurrou outro colega. Este último foi para casa e chutou seu cachorro. O pai ficou bravo e bateu no menino. Ele voltou, no dia seguinte, para a escola, e brigou com o mesmo colega que o havia esmurrado no dia anterior, e a rotina de brigas foi retornando até o gerente".

Moral da história: o mal só foi aumentando.

Mas há outra história que diz assim:

Certa vez, um gerente mau destratou seu subordinado na frente de todos os demais colegas de trabalho. Esse subordinado, que era supervisor, ficou muito chateado e puniu, sem motivos, seu subordinado imediato. Este foi embora, muito bravo, e brigou com a esposa. A esposa, nervosa, com raiva, brigou com o filho. O menino foi para a escola, muito nervo-

PROF. PAULO SÉRGIO BUHRER

so, irritado, e brigou com um coleguinha de classe. Esse coleguinha esmurrou outro colega. Este último foi para casa e chutou seu cachorro. Seu pai, então, o pegou no colo e disse: "Meu filho, vi que está nervoso. Vem cá, deixa o papai cuidar de você. Me conte o que aconteceu". O menino contou, e o pai o aconselhou a, no dia seguinte, ir à escola e dar um abraço no colega que o tinha esmurrado. Ele fez isso, e o colega, meio sem jeito, pediu desculpas a ele, e abraçou o outro colega que havia brigado com ele, que também pediu desculpas, e foi para casa, abraçou sua mãe, que havia batido nele. A mãe chorou, pediu desculpas e abraçou o marido. O marido, com vergonha, pediu desculpas à esposa. No trabalho, foi até à sala do seu supervisor, e disse que faria melhor o trabalho da próxima vez, já que devia ter errado alguma coisa, para ter sido punido. O supervisor, sem jeito, pediu desculpas e disse que só estava nervoso porque o gerente o havia xingado perto dos demais colegas. Então, o supervisor foi até à sala do gerente, pediu desculpas pelos resultados que tinha apresentado. O gerente acalmou-se e disse que no dia anterior só estava nervoso, porque um problema familiar tinha acontecido. Ambos se abraçaram e a empresa e a equipe nunca tiveram resultados tão bons quanto depois disso.

Moral da história: quando você paga o mal com o bem, o mal diminui até sumir.

Pagar o mal com o bem requer um nível elevado de humanidade e de espiritualidade.

Significa você ser capaz de compreender o outro, sem julgá-lo. Quer dizer que, em vez de críticas destrutivas, você, antes de despejar sua indignação contra alguém, tem de pensar em ajudar, em tornar o dia e a vida do outro melhor. Isso não é fácil. Afinal, muitos de nós é uma máquina de julgamentos.

Há uma linda história sobre julgar:

O pai chega em casa e vê o filho com duas maçãs na mão. Mais que

depressa ele pede uma ao filho. O menino então morde uma maça, e depois a outra. O pai, irritado, despeja seu discurso ao filho: "Menino egoísta, é isso que estou lhe ensinando? Com quem está aprendendo a não dividir as coisas? Quando crescer você vai precisar da ajuda das pessoas, sobretudo, minha, da sua mãe e de seus irmãos..." O filho, sem entender nada, leva a maça da mão direita e a entrega ao pai, e diz: "Olha, pai, esta é para você, ela é mais doce".

Como a gente erra julgando as pessoas. Se agimos dessa maneira com quem só quer o nosso bem, imagine como é difícil pagar o mal com o bem, não é? No entanto, é isso que você, que tem a mente vencedora, precisa começar a praticar.

SUJE SUAS MÃOS

Quero lhe dar um sábio conselho: suje suas mãos. Essa é uma das melhores dicas que você pode receber.

> A MAIORIA DAS PESSOAS QUER APROVEITAR OS FRUTOS, MAS NÃO QUER SUJAR AS MÃOS PLANTANDO E CUIDANDO DA SEMENTE.

Uma flor é linda, mas pode ser comprada pronta, e isso qualquer um pode fazer. Se você quer testar sua capacidade, se eu fosse você começava a comprar as sementes. Claro que não estamos falando de flores ou frutos, mas sim da sua vida.

Só tem sentido criar uma mente vencedora se for para correr atrás daquilo que você quer, mesmo, e, principalmente, quando a pressão e as dificuldades aumentarem. É nessas horas que você precisa dizer: "Deixa comigo, vou sujar minhas mãos, vou ter atitude e não somente discurso".

Se você sabe que tem competência, que realmente faz a diferença na empresa, não desista da sua carreira, da sua promoção. Se é importante para você, mostre isso a quem é seu líder, apresentando resultados tão incríveis, que ele não vai ter alternativa a não ser oferecer o que você quer.

Se a sua empresa atende bem aos clientes, e tem algo bom a oferecer, lute para que ela não quebre. Não entregue os pontos. Busque ajuda, peça conselhos, faça novas parcerias. Vá até o final, e só pare com esse negócio de-

PROF. PAULO SÉRGIO BUHRER

pois que estiver convicto de que não desistiu sem lutar com todas as forças para que ele desse certo. Após isso, reerga a cabeça, aprenda com seus erros e invista em novos empreendimentos.

Se você ama, não pode desistir tão fácil. Deve lutar, se preparar, mudar, e então se agarrar ao fio de esperança de que o relacionamento ainda pode dar certo. Se, mesmo assim, essa relação não vingar, vá aberto e sem mágoas para outras relações, com uma postura diferente.

Se alguém especial está perdido, indo e vindo por caminhos obscuros, perdendo a luta para o álcool, para as drogas, não desista dessa pessoa. Talvez só falte mais um abraço, um conselho, uma chance para ela vencer tudo isso. Quem sabe ela mesma já se abandonou, mas, de tanto confiar nela, ela saia do buraco em que se meteu.

NÃO SE DESISTE DE QUEM E DAQUILO QUE SE AMA

Corra atrás dos seus sonhos, dos seus propósitos, dos seus objetivos, como um rato corre atrás do queijo. Corra o risco de cair na ratoeira. Não há como conseguir o que você quer sem correr certos riscos. O maior risco é não correr nenhum risco.

Às vezes, tudo o que a vida precisa para realizar o seu sonho é que você tenha a convicção de que isso vai acontecer, que não desista, que tente mais uma vez, com mais energia e mais preparação. Não engavete seus sonhos, porque um dia a gaveta emperra, e eles ficam lá dentro, sem ter a chance de virarem realidade.

O que você está buscando da vida? Dinheiro? Felicidade? Amor? Sucesso? Tudo isso junto? Saiba que terá de sujar suas mãos para conquistar algo que vale a pena.

Você já sabe que sucesso é um caminho, e não uma conquista. Felicidade é a mesma coisa.

MENTE DE VENCEDOR

TUDO O QUE VOCÊ PRECISA

Certa vez vi uma cena intrigante. Dois mendigos brigando por um cobertor. Eles disputavam aquilo como se fosse uma pedra preciosa. Um golpeava o outro com força e corria com o cobertor nas mãos. O outro seguia, tomava o cobertor e a briga continuava. Parei e separei a briga dos dois, perguntando por que estavam brigando. O primeiro mendigo me disse: "Ele está tentando roubar meu cobertor". Sem hesitar falei: "Mas e aí, é só um cobertor". E ele me deu uma resposta chocante: "Sim, mas é tudo o que eu tenho".

Envergonhado, e tentando me redimir, falei ao outro: "E você, não tem vergonha? Por que quer roubar isso dele, é só um cobertor?". E ele também me deu uma resposta incrível: "Eu sei, mas é tudo o que eu preciso".

Não sei o que aconteceu depois com aqueles dois mendigos. Mas, naquele dia, em que achei que os ajudaria separando a briga, eles é que me ensinaram dois dos conceitos que mais aprecio na minha vida: é tudo o que eu tenho; e é tudo o que eu preciso.

Você precisa aprender a lutar pelo que tem. E também tem que aprender a lutar pelo que quer, sem tirar nada de ninguém.

É necessário batalhar para defender o que já é seu, seja sua dignidade, honra, ideias, um carro, uma casa, ou mesmo um simples cobertor. Se é tudo o que você tem, não pode deixar que ninguém tire isso que é importante para você.

Talvez, tudo o que você tenha agora seja a esperança, mesmo não vendo muitas chances de melhorar de vida. Eu digo a você: não deixe que ninguém tire sua esperança, pois, se ela é tudo o que você tem, é tudo o que precisa para seguir em frente.

Quem sabe a única certeza que tenha na vida é a crença de que as coisas vão dar certo, ainda que não veja isso acontecendo agora, e nem saiba por onde começar. Eu digo: não permita que ninguém roube isso de você. Proteja esse seu "cobertor" como se estivesse defendendo sua vida, a vida de quem você mais ama.

É segurando essa esperança e essa crença de que tudo vai melhorar que você terá condições de recomeçar, de mostrar atitudes que farão sua história mudar.

Óbvio que vai dar trabalho, ser difícil, quase esgotar suas forças. Lógico que não é só a esperança que traz resultados. Só esperança não mantém seu emprego, não aumenta seu salário, não conserta seu casamento, nem mostra notas boas no boletim escolar do seu filho. Se você ignora os fatos e as mudanças que precisa fazer, a esperança é a primeira que morre. Porém, se perder a esperança antes, não adianta ter todas as demais qualidades e competências. Sua esperança, que vai se transformando em certezas, é o seu principal combustível para o sucesso e a felicidade que você merece.

Quem não desiste dos sonhos e se prepara para enfrentar as dificuldades, para resolver os problemas e aproveitar as oportunidades, nunca perde a esperança e não deixa que ninguém a roube de si.

MENTE DE VENCEDOR

CÓDIGO DE HONRA

> "MUITOS DOS FRACASSADOS NA VIDA SÃO HOMENS E MULHERES QUE NÃO CONSEGUIRAM PERCEBER COMO ESTAVAM PERTO DO SUCESSO, QUANDO DESISTIRAM".

Você sabe quem disse isso? Thomas Edison, o homem que errou mais de mil vezes, até criar a lâmpada, dentre tantos inventos seus.

Foi por volta dos vinte e três anos de idade que tive de fazer valer a célebre frase de Edison, e percebi definitivamente que só fracassa quem desiste.

> A DOR DA PERSISTÊNCIA É MENOR DO QUE A DOR POR TER ENGAVETADO UM SONHO.

E aqueles que não desistem e não engavetam sonhos, mesmo depois de vários minis ou microfracassos, possuem algum motivo muito forte, que os impede de desistir. Chamo esse motivo de Código de Honra.

Nessa época, meu primeiro filho, Paulinho, tinha pouco mais de um ano de idade. Um dia, tive de ir à mercearia fazer uma pequena compra, de feijão, arroz, ovos e alguns itens de higiene. Eu tinha apenas R$ 15,00 no bolso. Comprei os itens básicos, e fiz a soma para conferir se o dinheiro era suficiente. Era. A compra totalizou R$ 14,96. Quando cheguei ao caixa, o Paulinho soltou da minha mão e saiu correndo, foi até a sessão de bolachas, doces, pegou um

PROF. PAULO SÉRGIO BUHRER

pacote de bolacha recheada e colocou na cestinha de compras. Eu olhei para ele, olhei para a cestinha... olhei para ele novamente, olhei para a cestinha, e retirei o pacote de bolachas, colocando-o novamente na prateleira. O Paulinho olhou para mim e imaginei que ele fosse chorar. Mas não. Ele ficou quieto ao meu lado, como se entendesse tudo.

Eu, sim, chorei logo após sair da mercearia. Não foi a falta de dinheiro para poder comprar um simples pacote de bolacha que me fez chorar. Foi a falta de dignidade, de honra. Não me senti homem naquele momento. Fui um pai incapaz de comprar um pacote de bolachas para o filho.

Tente imaginar a minha angústia, o meu desespero. Como um homem, um pai, não tem uns trocados para comprar um pacote de bolacha para o filho? Que homem é esse? Esse homem era eu, ou o que havia restado de mim depois daquela cena.

Enquanto caminhava chorando, com a sacola de compras, jurei que, daquele dia em diante, daria um jeito de nunca mais deixar faltar bolacha recheada para meu filho. Declarei que nunca mais ele passaria por qualquer tipo de necessidade básica.

Eu disse para mim mesmo, em minha mente, que meu código de honra na vida seria nunca mais deixar faltar um pacote de bolacha para meu filho. Mentalmente, repeti que eu jamais iria desistir de nada importante, e que mudaria completamente minha maneira de ver e fazer as coisas. Em minutos, minha mente decidiu focar em fazer, e não mais em reclamar, culpar alguém pelo meu fracasso. Mesmo com apenas quatro centavos no bolso (cinco, porque a dona Lourdes, proprietária da mercearia, arredondou o troco) naquela hora, afirmei que nunca mais pararia diante de quaisquer obstáculos, e que quanto mais difíceis eles fossem mais energia eu iria empregar até conseguir realizar meus sonhos (naquele momento, era apenas o de comprar um pacote de bolachas).

 MENTE DE VENCEDOR

Sabe o que aconteceu depois de um tempo? Tudo mudou.

Passei mais algum tempo com pouquíssimos recursos. Várias vezes, fiquei sem comprar pão para tomar café pela manhã, antes de ir trabalhar, mas deixava uns trocados para que o Paulinho pudesse comprar bolachas. Em outras, levava uma marmita para o almoço, com comida do jantar da noite anterior, que muitas vezes estragava. No entanto, sabia que isso faria sobrar um dinheirinho para as bolachas do Paulinho. Agora eu tinha um código e não podia quebrá-lo.

As coisas foram acontecendo aos poucos, e passei alguns anos, por uma série de privações materiais, com a diferença de que possuía um código de honra a ser cumprido.

Você pode pensar que depois que as coisas se arrumaram, nunca mais tive problemas. Mas tive e tenho, sim. E eu adoro ter problemas que me tiram da cama cedo para cumprir minha missão. Todos nós temos problemas.

Talvez não financeiros, porém, outros problemas e dificuldades sempre surgem na vida da gente. É impossível viver sem isso, da mesma maneira que é impossível viver bem sem enfrentar e superar esses problemas e dificuldades.

Como você viu no início do livro, muita coisa ainda vai dar errado na sua vida, antes de dar certo. Ou seja, é um pecado você desistir só por causa disso.

Por isso, quero que você acredite profundamente que pode e vai chegar aonde você quer, e terá tudo o que quer ter, pois aposto que você tem muito mais do que CINCO centavos no bolso, não tem?

Trabalhe diariamente esse método que você recebeu:
- Pensamentos positivos
- Crenças estimulantes
- Blindagem Interior – o processo de filtragem
- Sonhe grande
- Crie uma casca grossa.

PROF. PAULO SÉRGIO BUHRER

DIVIRTA-SE E SEJA FELIZ FAZENDO TUDO ISSO

Eu adoro a minha vida. Amo a loucura do dia a dia. Sei que cada dia será uma incerteza. Sempre trabalho para oferecer o meu melhor, no entanto, várias vezes, mesmo assim, as coisas não saem como planejei. E isso é maravilhoso. Eu sou fã das improbabilidades da vida. Seria um tédio saber exatamente que tudo o que eu fizesse daria certo. Graças a Deus, as coisas não são dessa maneira.

Porém, eu me divirto com cada situação que acontece. Se não for na mesma hora, faço isso logo depois que me irrito um pouco, fico ansioso, bravo, mas paro e reflito, e vejo que, no fim das contas, tudo faz parte. É engraçado, mas os problemas diminuem quando me divirto com eles.

Com frequência, em negociações mais acirradas com clientes, ou com plateias mais inervadas com o que falo nos eventos, solto esta pérola: "Gente, vamos brincar com isso tudo, porque, um dia, ainda vamos rir dessa situação de agora", e a tensão passa.

Por isso, divirta-se com sua vida. Brinque com os problemas, ria para as dificuldades. Abrace clientes ranzinzas e pessoas de mau humor. Na maioria das vezes, eles riem de novo, e você ainda ajuda essas pessoas a terem um dia melhor.

Vá para sua casa num fim de tarde e ame muito sua família, sejam seus pais, filhos, irmãos, amigos. Temos uma conta bancária finita, e ela se chama "tempo". Use muito bem seu depósito de 24 horas diárias. É assim. Todos os dias, Deus deposita para você 24 horas nessa sua conta tempo. Ninguém garante que no dia seguinte Ele fará esse depósito. Portanto, aproveite cada segundo e minuto do depósito de hoje.

Não perca tempo com bobagens, discussões em vão. Não gaste parte do seu depósito diário com acúmulo de momentos de dor e sofrimento, nem perca tempo atirando pedras nas pessoas, julgando seus comportamentos. Ajude quem quiser sua ajuda e sacuda a poeira dos seus sapatos, daqueles que dispensarem seu apoio.

Quero que você realize seus sonhos, que viva intensamente o seu sucesso, mas eu detestaria que você conseguisse ganhar dinheiro, tivesse sucesso financeiro na sua empresa, na sua carreira, no entanto, que isso lhe trouxesse angústia permanente, tristeza rotineira, pressão desmedida e falta de prazer em fazer o que tem de fazer. Que isso afastasse você da sua família, dos seus amigos de verdade. A pobreza da solidão supera a riqueza de dinheiro. Eu ficaria profundamente frustrado se você conquistasse o sucesso que procura, mas que, ao mesmo tempo, sua arrogância fosse proporcional à sua conta corrente.

> A POBREZA DA SOLIDÃO SUPERA
> A RIQUEZA DE DINHEIRO.

Nada, absolutamente, vale a pena, em termos materiais, se for para ter uma vida triste, sem pessoas especiais do lado para compartilhar suas conquistas. Talvez você ainda não entenda, mas, mesmo assim, considere isto: a vida só vale a pena se for para vivê-la ao lado de pessoas especiais. Não há sucesso material que compre isso. Afinal, pessoas especiais não estão à venda.

 MENTE DE VENCEDOR

Aproveite seus filhos se já os tiver. Curta seus pais, ainda que já estejam velhinhos. Pelo amor de Deus, não os interne num asilo. Tenho certeza de que você não gostaria que seus filhos fizessem isso com você um dia. Diga, ao menos, todo dia, para três pessoas especiais, que as ama. Falar essas palavras com um coração puro derrete qualquer coração de pedra.

Não procure equilibrar seu tempo pessoal e profissional. Talvez isso seja impossível nos dias de hoje. O que tem de fazer é conectar uma coisa à outra. Às vezes se doará mais ao trabalho, porém, sabe que poderá compensar com momentos inesquecivelmente especiais com quem ama.

Curta as más vendas de um mês. Se irrite com a equipe, com você mesmo, porém, se reúnam e comecem com um discurso sorridente, mostrando que encontrou soluções. Aproveite a perda de clientes, de dinheiro, para aprender a economizar e cuidar mais do seu dinheiro. Junte as pedras que jogam em você, e troque cada uma delas por pétalas. Pedras são sujas e pesadas demais. Pétalas são suaves e exalam perfumes.

Curta o chefe chato, nervoso, bravo. Peça desculpas com um bombom nas mãos. Ele vai ceder e sorrir, e quem sabe fique até com vergonha e peça desculpas também.

Conserve boas amizades. Você vai precisar delas.

Mesmo que a grana esteja curta, por enquanto, convide seus amigos para um churrasco, uma festinha na sua casa, e diga que cada um deve trazer alguma coisa para a festa, além da fome. Quando puder, promova um banquete para essas pessoas que dão sabor à sua vida.

Estenda a mão a quem precisa. Com o tempo, você vai notar que quando alimentamos a fome de alguém, nossa alma também é alimentada.

PROF. PAULO SÉRGIO BUHRER

Construa o sucesso que você merece, sem se esquecer de ser feliz, de alimentar sua alma, porque não há histórias de sucesso sem felicidade, e não há nada material que sacie a alma que tem fome do que é imaterial.

Arrisque-se a ser feliz. Curta de vez em quando um vento no rosto. Deite-se na grama num dia de chuva e observe as gotas caindo. Faça isso ao lado de alguém que ame. Permita que cada gota lave seu rosto e deixe escorregar seus medos, suas tristezas e dúvidas junto com a enxurrada da chuva.

Felicidade é um estado de consciência. Isso significa que você pode ser feliz em qualquer situação ou lugar. Mesmo que possa não estar feliz em alguns momentos, isso é passageiro, porque você é feliz. Compreendendo isso, que ser feliz não depende de dinheiro, riqueza, nem de ninguém, e sim apenas do seu estado de consciência, você vai levar felicidade por onde for, harmonizando sua empresa, família, e tornará cada encontro um oásis de prazer.

Curta, curta, curta a vida. Apegue-se a Deus nos momentos difíceis, porque vai precisar muito Dele. E, nos momentos fáceis, agradeça a Ele por ter ficado ao seu lado nos momentos delicados, pois os fáceis só existem na vida de quem supera os difíceis. E colocar Deus no começo disso é ter a certeza de um final FELIZ.

Bem, o que eu quero dizer, na realidade, é:

Atreva-se a ser feliz. Curta muito sua vida, apesar de tudo! Quando você conquista milhões, mas quem você ama fica com centavos de tempo, atenção, carinho e amor, é como se você tivesse conquistado centavos de reais a vida toda.

Atrás do que REALMENTE você está?

MENTE DE VENCEDOR

Torço por você. Não deixe passar em branco a melhor parte da vida. O único livro que deveria ser completamente preenchido, o livro da felicidade. Não o preencha apenas com rabiscos.

JAMAIS deixe de escrever o livro da sua felicidade. Risque, rabisque, procure preenchê-lo todos os dias, com o maior número de páginas felizes.

FELICIDADE É UM ESTADO DE CONSCIÊNCIA.

Torço por você, fique com Deus, sucesso e felicidades sempre!

Paulo Sérgio Buhrer
Primavera de 2014

DEUS

Deixe eu fazer um adendo e dizer algo sobre Deus a você, que é muito importante: Ele nunca estará contra você. A questão é que você não precisa Dele para ser pobre. Você não precisa Dele para sofrer. Alguns pregam um Deus errado, como se Ele fosse um Ser do sofrimento, dos pobres, dos miseráveis. Ninguém precisa de Deus para sofrer, para viver na pobreza. Conseguimos isso sozinhos. Você precisa de Deus para ser próspero, para ter saúde, para viver bem. Você precisa de Deus para ser um sucesso. Ninguém precisa de Deus para ser um fracasso, afinal, também conseguimos isso sozinhos. Você precisa de Deus para mudar para melhor, e não para cair ainda mais. Então eu pergunto: para que você precisa de Deus?

MÉTODO MV SEMANAL: 8 SEMANAS PARA TRANSFORMAR SUA MENTE EM VENCEDORA

Este é o método prático MENTE DE VENCEDOR – MV8. Com ele, durante dois meses, ou seja, oito semanas, diariamente, você vai aplicar as técnicas que aprendeu no livro. Como todo método, precisa ser repetido constantemente e na sequência prescrita. Nessas duas semanas, ao aplicar corretamente o método, sua mente estará preparada para manter o padrão de pensamentos, crenças, blindagem e comportamento necessários para construir cada vez mais, para sempre, uma mente de vencedor:

1º mês (quatro semanas)

SEGUNDA-FEIRA: discuta com pelo menos 50% dos pensamentos negativos que tiver neste dia. Ou seja, não os aceite. Questione porque está pensando dessa maneira. Apenas questione seus pensamentos, não permitindo que sejam registrados sem essa discussão mental. Se se sentir confortável, pode conversar com alguém especial e contar sobre os pensamentos que se passam na sua mente, e ouvir atentamente a opinião dessa pessoa. Se preferir, pode conversar com mais de uma pessoa.

TERÇA-FEIRA: procure algum ponto positivo em 50% das coisas negativas que passarem em sua mente, e que acontecerem na sua vida neste dia. Se durante a terça-feira, seis episódios negativos acontecerem, ou simplesmente se passarem na sua mente, procure encontrar em três deles um ponto positivo. Por exemplo: alguém bateu na traseira do seu carro. Em vez de entrar em colapso, pense: "Não gostei disso, mas talvez lá na frente fosse acontecer um acidente mais grave". Ou digamos que você não recebeu o aumento de salário que estava esperando. Em vez de ficar com raiva do seu chefe, poderia pensar: "Deve haver algum motivo para isso, então vou trabalhar com mais força para merecer um aumento maior".

QUARTA-FEIRA: reveja cinco crenças negativas que tenha, como "rico não vai para o céu; só cresce na empresa quem é parente do dono; sempre fui assim e pronto"... e quebre o padrão. Redefina cada uma delas colocando especificações como "rico desonesto não vai para o céu; só cresce na empresa quem gera mais resultados, seja parente ou não; fui assim, mas posso mudar"...

A diferença entre crenças e pensamentos é que a crença já é algo em que você acredita, quem sabe já tenha testado e tenha dado errado, por isso você acredita que não vai dar certo. O pensamento ainda está em fase embrionária na sua mente, não se tornou uma crença.

QUINTA-FEIRA: para 50% de pensamentos, crenças e comportamentos negativos que tiver hoje, faça a seguinte pergunta: "Em que isso me ajuda a crescer na minha vida pessoal e profissional, a me tornar uma pessoa especial?" Se a resposta for "em nada", mude o jeito de pensar, acreditar e se comportar.

MENTE DE VENCEDOR

SEXTA-FEIRA: repita o exercício de quinta.

SÁBADO: resgate pelo menos um sonho, ou crie um, e estabeleça um prazo e um plano para realizá-lo. Procurar ajuda profissional pode ser interessante para estabelecer da maneira mais adequada as metas e minimetas para atingir os seus sonhos.

DOMINGO: decida que vai ficar mais forte a cada vez que algo der errado, e que na pressão e nas dificuldades vai mostrar ainda mais seu valor. Crie uma casca grossa contra parasitas e urubus de plantão, que tentam sugar suas energias, e siga em frente. Exclua da sua vida quem está secando seu pé de arruda. Apoie-se na família e em alguém mais sábio que você naquilo que quer realizar. Agradeça as pequenas vitórias e redobre as energias nas grandes derrotas.

2º mês (quatro semanas)

No segundo mês, agora que você está mais habituado com o método, pode decidir fazer o seguinte: se numa escala de 0 a 10, quanto você está se sentindo melhor depois da primeira semana? Se sua nota for acima de 7, pode partir diretamente para esta segunda etapa. Se for abaixo, terá de praticar os mesmos exercícios da primeira semana, mais uma semana, para depois seguir adiante.

Nesta próxima etapa:

SEGUNDA-FEIRA: discuta com 100% dos pensamentos negativos que tiver neste dia. Ou seja, não os aceite. Questione porque está pensando dessa maneira. Apenas questione seus pensamentos, não permitindo que sejam registrados sem essa discussão mental. Se se sentir confortável, pode conversar com alguém especial e contar sobre os pensamentos que se passam na sua mente e ouvir atentamente a opinião dessa pessoa. Se preferir, pode conversar com mais de uma pessoa. É de extrema importância que você use frases com o foco positivo para convencer sua mente. Digamos que você queira emagrecer, e o pensamento negativo "isso dá muito trabalho, você não vai emagrecer" entre na sua mente. Em vez de você dizer: "Eu não vou engordar", diga: "Eu vou emagrecer, sim, sou competente para isso, e mesmo que dê trabalho, vou entrar naquele jeans guardado no guarda-roupas, além de melhorar muito minha saúde". Nesta etapa, é de suma importância que você pratique sempre esse exercício, deixando com foco positivo todas as frases mentais de questionamento.

TERÇA-FEIRA: procure algum ponto positivo em 100% das coisas negativas que passarem em sua mente, e que acontecerem na sua vida neste dia. Eu sei que não é uma tarefa fácil, porque, realmente, algumas coisas que acontecem parecem não ter lado positivo algum. Mas, pasme!, elas têm sim. Alguns acontecimentos não se explicam. Você não consegue encontrar razão para terem ocorrido. Mesmo assim, faça um esforço redobrado para encontrar esse ponto positivo. Com o passar dos dias, sua mente procurará automaticamente... e irá encontrar. Neste dia, procure visitar lugares calmos, como um parque arborizado, uma praça tranquila, e inspire profundamente o ar, sinta a brisa enquanto revê o que aconteceu com você procurando mais pontos positivos ainda. Quem sabe só consiga encontrar esses pontos positivos em lugares como esses, ou em locais onde se sinta bem, mais calmo e sereno. Às vezes, leva-se horas para que encontremos o lado positivo das coisas.

QUARTA-FEIRA: continue revendo, pelo menos, cinco crenças negativas que tenha, e mude-as da mesma forma que fez na primeira etapa.

QUINTA-FEIRA: para 100% de pensamentos, crenças e comportamentos negativos que tiver hoje, faça a seguinte pergunta: "Em que isso me ajuda a crescer na

 MENTE DE VENCEDOR

minha vida pessoal e profissional, a me tornar uma pessoa especial?" Se a resposta for "em nada", mude o jeito de pensar, acreditar e se comportar.

SEXTA-FEIRA: repita o exercício de quinta.

SÁBADO: verifique se está cumprindo as minimetas para atingir seus sonhos. Se precisar, pode replanejar e rever os sonhos que criou ou resgatou. Caso identifique falhas, substitua-os e recomece. Procurar ajuda profissional pode ser interessante para estabelecer da maneira mais adequada as metas e minimetas para atingir os seus sonhos.

DOMINGO: mantenha sua decisão de que vai ficar mais forte a cada vez que algo der errado, e que na pressão e nas dificuldades vai mostrar ainda mais seu valor. Mantenha sua casca grossa contra parasitas e urubus de plantão, que tentam sugar suas energias, e siga em frente. Verifique se há mais alguém a ser expurgado da sua vida. Apoie-se ainda mais na família e em alguém mais sábio que você naquilo que quer realizar. Agradeça com mais intensidade as pequenas vitórias e redobre as energias nas grandes derrotas.

Como você já sabe, quanto mais praticar o MV8, melhor serão os resultados. Nestas duas etapas, você vai preparar sua mente para agir de maneira proativa, o que fará você mudar seu padrão de comportamento. É uma sequência lógica: mudança de pensamentos nos leva à mudança de crenças, que nos conduz a mudanças de comportamento. Esta nos leva mais perto dos nossos sonhos e objetivos, e aí só precisamos criar uma casca grossa para suplantar toda e qualquer dificuldade que surgir pelo caminho, sem desistir jamais, mesmo que tenhamos que mudar de direção.

PROF. PAULO SÉRGIO BUHRER

REFERÊNCIAS

ANDREAS, Steve. *PNL, a nova tecnologia do sucesso*. Rio de Janeiro: Elsevier, 1995.

BROWN, Jeff. *O cérebro do vencedor*. Rio de Janeiro: Elsevier, 2010.

CIROCCO, Grace. *Dê o passo – a ponte estará lá*. São Paulo: Fundamento, 2006.

CLUTTERBUCK, David. *Coaching eficaz*. São Paulo: Gente, 2008.

COVEY, Stephen R. *Os sete hábitos das pessoas altamente eficazes*. Rio de Janeiro: Best Seller, 2005.

CURY, Augusto Jorge. *Nunca desista dos seus sonhos*. Rio de Janeiro: Sextante, 2004.

DRUCKER, Peter. *Administração para obter resultados*. São Paulo: Editora Pioneira, 2003

FERRAZ, Eduardo. *Negocie qualquer coisa com qualquer pessoa*. São Paulo: Editora Gente, 2015.

HANNA, Paul. *Você pode*. São Paulo: Fundamento Educacional, 2004.

HILSDORF, Carlos. *Atitudes vencedoras*. São Paulo: SE-NAC, 2006.

JOHNSON, Steven. *De cabeça aberta, conhecendo o cérebro para entender a personalidade humana*. Rio de Janeiro: Jorge Zahar, 2008.

JUNG, Carl Gustav. *Psicologia do inconsciente*. Petrópolis: Vozes, 2008.

LARA, Consuelo Rocha Dutra de. *A atual gestão do conhecimento*. São Paulo: Nobel, 2004.

MACEDO, Silvio de. *Curso de filosofia social*. Rio de Janeiro: Editora Freitas Bastos, 1977.

O'CONNOR, Joseph. *Introdução a PNL, como entender e influenciar pessoas*. São Paulo: Summus, 1995.

SALEM, Marc. *Desperte e fortaleça sua mente*. Rio de Janeiro: Elsevier, 2007.

SHINYASHIKI, Roberto. *A Revolução dos campeões*. São Paulo: Gente, 1995.

SHINYASHIKI, Roberto. *O sucesso é ser feliz*. São Paulo: Gente, 1997.

SPRENGER, Reinhard K. *Toda mudança começa em você*. São Paulo: Fundamento, 2006.

TOLLE, Eckhart. *O poder do agora*. Rio de Janeiro: Sextante, 2002.